D1665158

Gedanken
Verpflichtungen
Beziehungen
Umgebung

Räum dich auf!

Das
ErinnerDich
ist der Begleiter für den
Alltag. Es soll Mut machen
und motivieren, das wirklich
Wichtige immer im Blick zu
behalten.

S. J. Scott
Barrie Davenport

Gedanken Verpflichtungen Beziehungen Umgebung **Räum dich auf!**

Wie du lernst, dich von Sorgen, Ängsten und negativen Gedanken zu befreien

EINLEITUNG

Unsere Gedanken beeinflussen unsere Ergebnisse

„Das Glück deines Lebens hängt von der Beschaffenheit deiner Gedanken ab."

Marc Aurel

Haben Ihre Gedanken Sie je bedrückt? Kämpfen Sie wegen der Herausforderungen, die Sie jede Woche zu bewältigen haben, gegen Stress oder Ängste? Wollen Sie sich einfach keine Sorgen mehr machen wegen des Lebens und all dem Rest?

Wir alle verfangen uns hin und wieder in negativem Denken. Wenn solche Gedanken Sie aber häufig niederschlagen, sollten Sie genauer prüfen, was sie denken und wie sich dieses Denken auf Ihre seelische Gesundheit auswirkt.

Der innere Monolog ist ein natürlicher Bestandteil unserer geistigen Landschaft. Er lässt sich nicht abstellen, läuft Tag und Nacht und erinnert Sie an die Einkäufe, die noch zu erledigen sind, schilt Sie, weil Sie den Geburtstag Ihrer Schwester vergessen haben, oder lässt Sie sich wegen der Nachrichten Sorgen machen (Politik, Umwelt oder der gegenwärtige Zustand der Wirtschaft).

Diese Gedanken bilden das Hintergrundgeräusch Ihres Lebens, auch wenn Sie sich dessen nicht immer bewusst sind. Halten sie einen Augenblick inne und achten Sie auf Ihre Gedanken. Halten Sie sie an. Geht nicht, oder? Sie laufen einfach immer weiter, einer nach dem anderen, ungebeten und oft unerwünscht.

Einige der Gedanken sind willkürlich und unnütz. „Mein Arm juckt." „Sieht mir stark nach Regen aus." „Wo sind bloß meine Schlüssel?"

Andererseits sind viele unserer Gedanken aufdringlich und negativ. „Der Typ nervt." „Das habe ich jetzt echt vermasselt." „Ich fühle mich so schuldig wegen dem, was ich zu Mama gesagt habe."

Ob nun negativ, neutral oder positiv: Diese Gedanken vermüllen unseren Geist, genauso wie Ihr Haus vollgemüllt wird, wenn sich zu viele Sachen ansammeln.

Leider lässt sich der mentale Müll nicht so leicht entsorgen wie der im Haus. Man kann einen Gedanken nicht einfach „wegwerfen" und glauben, er sei dann verschwunden. Es ist sozusagen ein immerwährender Kampf gegen die Hydra. Die negativen Gedanken wachsen in dem Moment nach, in dem sie abgeschlagen wurden.

Warum wir so gerne negativ denken

Stellen Sie sich Ihren Geist als durchorganisierten Haushalt vor – ein Zuhause, frei von belanglosen, erschöpfenden und nutzlosen Sachen, die Sie bloß aufregen. Würde es Ihnen gefallen, sich nur mit erhebenden, inspirierenden und beruhigenden Gedanken zu beschäftigen?

Stellen sie sich Ihren Geist einen Augenblick lang als friedlichen, wolkenlosen Himmel vor. Sie allein entscheiden, was vorbeifliegt. Wenn ein solcher wolkenloser geistiger Himmel so wünschenswert erscheint, warum denken wir dann so viel, verwenden keinen Filter, um das Positive und Notwendige vom Unnötigen und Nutzlosen zu trennen?

Unser Gehirn enthält 100 Milliarden Neuronen, dazu kommt eine weitere Milliarde im Rückenmark. Die Gesamtmenge der Verbindungen zwischen den Neuronen, den sogenannten Synapsen, die Informationen verarbeiten, wird auf 100 Trillionen geschätzt.

Unsere leistungsstarken Gehirne verwenden jede Art von Erfahrung und untersuchen sie in Form von Gedanken. Gedankenformen halten wir für die Wirklichkeit.

Wir können unsere Gedanken kontrollieren und ausrichten, aber oft wirkt es so, als führten sie ein Eigenleben, als kontrollierten sie uns und unsere Gefühle. Man muss denken, um Probleme zu lösen, zu analysieren, Entscheidungen zu treffen und zu planen. Aber in den Zeiten zwischen den proaktiven geistigen Unternehmungen tobt unser Gehirn wie ein wildgewordener Affe und zerrt uns durch einen Urwald von Grübelei und Schwarzsehen.

Ihr ununterbrochener innerer Monolog lenkt Sie von dem ab, was rund um Sie geschieht im Hier und Jetzt. Er bringt Sie dazu, wertvolle Erfahrungen nicht zu machen und sabotiert die Freude am gegenwärtigen Augenblick.

Und nun wird es absurd: Wir glauben, dass wir durch intensiveres Nachdenken herausfinden können, warum wir nicht so glücklich oder erfüllt sind, wie wir es uns wünschen. Wir ersehnen uns Besitz, Menschen oder Erfahrungen, die unsere Sehnsucht stillen und unser Unglücklichsein mildern. Je mehr wir aber über unsere Verzweiflung nachgrübeln, desto verzweifelter werden wir. Unser Denken macht uns unstet, leer und wühlt uns auf, weil wir unsere Zukunft und unsere Vergangenheit nach Antworten durchforsten.

Tatsächlich bezieht sich praktisch jeder einzelne Ihrer negativen Gedanken entweder auf die Vergangenheit oder auf die Zukunft. Häufig fühlen Sie sich in einem Teufelskreis aus Reue und Sorgen gefangen, selbst dann, wenn Sie verzweifelt versuchen, dieser Endlosschleife in Ihrem Kopf zu entkommen.

Sie bekämpfen nicht nur Ihre Gedanken, sie kämpfen auch gegen Ihre Unfähigkeit, sich von ihnen zu befreien. Je länger die Negativgedanken kreisen, desto schlechter geht es Ihnen. Es scheint, als gebe es Sie zweimal – als Denker und als Richter: also den Menschen, der die Gedanken denkt, und den Menschen, der sich des Denkens bewusst ist und der die Gedanken nach ihrer Schlechtheit bewertet.

Diese Dynamik des Denkens und Bewertens infiziert uns mit schmerzlichen Gefühlen. Je mehr ängstliche, schuldbewusste und reumütige Gedanken wir haben, desto gestresster, ängstlicher und wütender werden wir. Manchmal lähmen uns unsere Gedanken voll schlechter Gefühle. Und genau diese Gefühle rauben uns den inneren Frieden und unsere Zufriedenheit.

Obwohl unsere Gedanken also für so viel Stress verantwortlich sind, glauben wir, dass wir einfach nichts dagegen tun können. Schließlich kann man den Geist wohl kaum vom Denken abhalten, oder? Man kann das Gehirn ja nicht auf Knopfdruck abschalten oder das geistige Geschwätz loswerden, und die damit zusammenhängenden Gefühle, die uns daran hindern, das Leben zu genießen.

Gelegentlich erleben wir seltene Augenblicke der geistigen Ruhe und Stille. Aber viel öfter versuchen wir das geistige Geschnatter zu betäuben, indem wir uns selbst mit zu viel Essen, Alkohol, Medikamenten und Drogen, Arbeit, Sex oder Sport therapieren. Das sind jedoch nur zeitlich begrenzte Lösungsversuche, die den Lärm dämpfen und den Schmerz mildern. Schon bald machen unsere Gedanken da weiter, wo sie aufgehört haben. Die Schleife beginnt von Neuem.

Sind wir denn dazu verdammt, für immer Sklaven unseres „Affengeistes" zu bleiben? Müssen wir wirklich immerzu gegen unsere Gedanken ankämpfen und hinnehmen, dass sie uns mit Sorgen, Bedauern und Ängsten runterziehen? Kann man den Geist reinigen, von Negativität und Schmerz befreien?

Sie können Ihr geistiges Heim nicht ständig von Müll freihalten, Sie können aber Ihre Gedanken so weit in den Griff bekommen, dass sich Ihre Lebensqualität verbessert und Sie auf tief greifende Weise glücklicher werden.

Unser Denken wirkt automatisch und unbeherrschbar, doch viele unsere Gedankenmuster spulen wir gewohnheitsmäßig und auch ziemlich gedankenlos ab.

Es scheint Ihnen so, als könne man Sie nicht getrennt von Ihren Gedanken betrachten, und doch verfügen Sie über ein „bewusstes Selbst", das in voller Absicht intervenieren und Ihre Gedanken managen kann. Sie haben viel mehr Kontrolle über Ihre Gedanken, als Sie glauben. Haben Sie gelernt, Ihren Geist zu beherrschen, stoßen Sie eine Tür auf zum unbegrenzten Raum der Kreativität, Inspiration und Brillanz, der sich hinter all dem Müll der ungezähmten Gedanken versteckt.

Durch Übungen der Achtsamkeit und praktische Gewohnheiten können Sie Ihre Gedanken entmachten und in Ihrem Geist mehr „Raum" schaffen, um inneren Frieden und Glück zu genießen. Sie verfügen dann über die Klarheit, Prioritäten zu setzen: Was ist eigentlich wichtig im Leben, was bringt Sie Ihren Zielen nicht wirklich näher, wie wollen Sie Ihren Alltag wirklich leben?

Einführung zu „Räum dich auf!"

Unser Ziel mit diesem Buch ist einfach: Wir wollen Ihnen Gewohnheiten, Handlungen und geistige Einstellungen beibringen, mit deren Hilfe Sie Ihren geistigen Müll aufräumen können. Denn er hält Sie davon ab, konzentrierter und achtsamer zu sein.

Wir sagen Ihnen nicht einfach nur, was Sie tun sollen. Wir zeigen Ihnen praktische, wissenschaftlich fundierte Übungen, die eine echte und andauernde Veränderung in Ihrem Leben bewirken, wenn Sie sie regelmäßig durchführen.

Dieses Buch besteht aus vier Kapiteln voller Informationen, mit deren Hilfe Sie vor allem die Aspekte Ihres Lebens ändern können, die Sie stressen oder die Sie gerade überfordern. Insbesondere geht es um folgende Themen:

1. Ihre Gedanken aufräumen

2. Ihre Verpflichtungen im Leben aufräumen

3. Ihre Beziehungen aufräumen

4. Ihre Umgebung aufräumen

Sie merken bald, dass das Buch viele Übungen enthält, die unmittelbar und positiv auf Ihre geistige Haltung wirken. Das Buch enthält so viel Material, dass wir vorschlagen, es zuerst am Stück zu lesen und dann noch einmal nur das Kapitel, in dem Sie in Ihrem Leben am meisten verändern wollen. Anders ausgedrückt: Finden Sie das Gebiet, in dem es schnell gehen wird, in dem Sie am schnellsten spüren werden, dass sich Ihr Leben verändert.

Wer sind wir?

Barrie ist die Gründerin einer preisgekrönten Internetseite zur persönlichen Entwicklung: „Live Bold and Bloom". Sie ist als Personal Coach ausgebildet und entwickelt Online-Kurse, die Menschen zur Anwendung praktischer und bewährter Strategien befähigen, die über die Komfortzone hinausgehen und glücklichere, erfülltere und erfolgreichere Leben schaffen. Sie hat mehrere Selbsthilfe-Bücher über positive Gewohnheiten, leidenschaftliches Leben, Selbstsicherheit, Achtsamkeit und Einfachheit geschrieben.

Als Unternehmerin, Mutter dreier Kinder und Hausbesitzerin weiß Barrie aus eigener Erfahrung, wie wichtig und lebensverändernd es sein kann, das Leben zu vereinfachen, Prioritäten zu setzen und die täglichen Gewohnheiten zu organisieren, um das bestmöglichste Leben zu führen.

Steve (oder „S.J.") schreibt den Blog „Develop Good Habits" und Bücher über Gewohnheiten, in denen er zeigt, wie eine kontinuierliche Entwicklung unserer Gewohnheiten zu einem besseren Leben führen kann.

Gemeinsam haben wir bereits zwei Bücher über Achtsamkeit und ein einfacheres Leben geschrieben: „10-Minute Declutter: The Stress-Free Habit for

Simplifying Your Home" und „10-Minute Digital Declutter: The Simple Habit to Eliminate Technology Overload". Die Bücher enthalten nicht nur praktische Handlungsanweisungen, wie man materiellen Besitz kontrolliert, sondern zeigen auch, wie positiv sich die Verminderung des „Lärms" aus dem Leben auf die geistige Gesundheit auswirkt.

Wir beide haben ganz unterschiedliche Gründe, warum wir die nun folgenden Prinzipien adaptiert haben, aber auch dafür, warum wir dieses Buch schreiben.

Barries Geschichte

Im Laufe der letzten Jahre erfuhr Barrie eine tief greifende Veränderung in Ihrem Leben und bei Ihren Prioritäten. Sie fühlte sich leer und spürte oft eine allgemeine Angst. Deshalb begab sie sich auf die Suche nach allem, was sie jenseits ihrer Rolle als Mutter wirklich leidenschaftlich empfinden ließ. Sie wollte auch herausfinden, wie sie die „Stimme in ihrem Kopf" zum Schweigen bringen könnte, die all die Ängste und das Leid auslöste, das sie fühlte.

Ihre Suche brachte sie dazu, sich als Personal Coach zu betätigen, als Blogger auf dem Gebiet der Persönlichkeitsentwicklung, als Lehrerin und Autorin. Im Laufe ihrer Forschungen und Arbeit hatte sie viele „Aha-Erlebnisse", nämlich als sie mehr erfuhr über die Praxis der Achtsamkeit, die Vereinfachung sowie das Festlegen neuer Prioritäten im Leben, auf die sie mehr Zeit und Energie verwenden wollte.

Vor Kurzem zog sie aus einer übervölkerten und geschäftigen Vorstadt von Atlanta nach Asheville in North Carolina, wo sie die langsame Gangart in einer Stadt genießt, die noch Wert legt auf gesundes Leben, gute Nahrungsmittel, persönliche Beziehungen, Natur und Musik.

Sie wählte bewusst ein kleineres Haus, warf viele Sachen weg und reduzierte ihre Garderobe. Sie legt ihren Schwerpunkt nun auf Beziehungen, Erfahrungen und sinnvolle Arbeit statt auf Besitztümer, Geld und Statussymbole. Im Alltag konzentriert sie sich durch Meditation, Übungen und Zeit in der Natur auf Ausgeglichenheit und das Dasein im Hier und Jetzt.

Steves Geschichte

Jahrelang lebte Steve einfach so vor sich hin, aber in der zweiten Jahreshälfte 2015 hatte er vier lebensverändernde Erlebnisse (Hochzeit, Baby, Hauskauf, Existenzgründung einer Firma). Das waren alles tolle Veränderungen, dennoch brachten sie vermehrten Stress ins Leben.

Zuerst überwältigten ihn alle diese Veränderungen, doch er lernte nach und nach, das zu vereinfachen, was ihm durch den Kopf geht, und gegenwärtig zu sein im Augenblick. Wenn er jetzt Zeit mit seiner Ehefrau und seinem Sohn verbringt, ist er zu 100 Prozent gegenwärtig. Wenn er arbeitet, dann erledigt er, was anfällt, in einem produktiven Flow.

Die Strategien, die Steve und Barrie einsetzen, um den Stress auszuschalten, sind nicht einfach. Aber sie funktionieren zweifelsohne – wenn Sie bereit sind, jeden Tag daran zu arbeiten. Und diese Strategien finden sie in diesem Buch.

Das Resultat

Wünschen Sie sich ein einfaches, unaufgeregtes geistiges Leben – und wollen Sie die Zeit und Kraft wiedergewinnen, die Ihnen Grübelei und Ängste rauben –, dann sind Sie hier richtig. Im Laufe des Buches lernen Sie nicht nur, wie Sie Ihre Gedanken aufräumen und kontrollieren, Sie erfahren auch, wie Sie diese Strategien augenblicklich umsetzen können.

Es gibt viel zu tun, springen wir also ins kalte Wasser und fragen uns, warum uns unsere Gedanken so gefangen halten, und wie sich das auf uns auswirkt.

Deshalb müssen Sie Ihren Geist aufräumen

Dieses Buch richtet sich an alle, die erkannt haben, dass die ungezähmten Gedanken Ihre Konzentration beeinträchtigen, Ihre Produktivität, Ihr Glück und Ihren Seelenfrieden.

Dieses Buch passt zu Ihnen, wenn Sie ...

- sich häufig in ängstlichem, negativem und unproduktivem Denken gefangen finden,

- wertvolle Zeit, Konzentration und Kraft vergeuden, weil Sie sich sorgen und zu viel denken,

- frustriert und verwirrt sind, weil sie nicht wissen, wie Sie negatives und zwanghaftes Denken abstellen,

- Zeiten mit viel Stress, Aufregung, Angst und Depressionen erleben, weil Sie sich geistig überfordert fühlen,

- versuchen, ein Gefühl der Leere oder Traurigkeit mit Geld, Besitz, Arbeit, Erfolg oder Prestige zu füllen,

- so beschäftigt sind, so überfordert und gestresst, dass Sie nicht mehr wissen, wer Sie sind,

- sich gegen schmerzhafte Gedanken und Empfindungen mit Zeittotschlagen, Alkohol, Drogen und Medikamenten und anderen Zwangshandlungen betäuben,

- gern Ihre Prioritäten ändern und Ihre Gedanken beherrschen und verstehen können würden, damit diese nicht über Ihr Leben bestimmen,

- merken, dass sich Ihr Chef, Ihre Frau oder Ihr Mann oder Ihre Familie beschwert, weil Sie unkonzentriert sind, uninteressiert, wütend oder ständig gestresst,

- einfach einen geerdeteren, entschleunigteren und friedlichen Lebensstil haben möchten.

TEIL I
Gedanken aufräumen

Vier Ursachen geistiger Unaufgeräumtheit

„Es geht nicht darum, immer mehr zu haben, sondern immer weniger. Alles Unwesentliche muss weg!"

Bruce Lee

Bevor wir uns an die Übungen machen, die das negative Denken ausschalten, müssen wir zuerst verstehen, warum wir uns überhaupt solche Gedanken machen. In diesem Abschnitt geht es deshalb um die vier Ursachen geistiger Unaufgeräumtheit.

Ursache Nr. 1: Der alltägliche Stress

Übermäßiger Stress ist eine der Hauptursachen, warum viele Menschen ihr Leben nicht mehr bewältigen. Tatsächlich löst der Stress, den die Flut an Informationen, der geistige Müll und die schier endlosen Entscheidungsoptionen erzeugen, eine ganze Bandbreite psychischer Erkrankungen wie Angstzustände, Panikattacken und Depressionen aus.

Kommen zu diesem Stress noch die legitimen Sorgen Ihres Lebens hinzu, dann leiden Sie nach Angabe der American Psychological Association oft unter Schlaflosigkeit, Muskelverspannungen, Kopfschmerzen, häufigen Infektionen und Magen- und Darmproblemen. Zahlreiche wissenschaftliche Studien belegen den ursächlichen Zusammenhang zwischen Stress und Gesundheitsproblemen.

Dan Harris, ein bekannter Nachrichtensprecher des Senders ABC und Autor des Buchs „Wie ich die entscheidenden 10 % glücklicher wurde" reagierte auf den mentalen Druck nicht, bis er während einer landesweit ausgestrahlten Sendung eine Panikattacke erlitt.

Sein anstrengender und umkämpfter Job (bei dem er in Afghanistan, Israel, Palästina und im Irak direkt von der Front berichtete) hatte zu Depressionen und Ängsten geführt. Er „behandelte" sich selbst mit Drogen, und das führte zu seiner Attacke, die live über den Sender ging.

Nach einer Konsultation seines Arztes wachte Dan endlich auf. Er schreibt auf der Website des Senders ABC: „Ich saß in seiner Praxis und spürte urplötzlich das ganze Ausmaß meiner Achtlosigkeit – ich stürzte mich kopfüber in Kriegs-gebiete, ohne auf die psychologischen Auswirkungen zu achten, ich nahm Dro-gen, um mein Adrenalin synthetisch hochzuhalten. Ich schlafwandelte durch mein idiotisches Verhalten."

Dans „idiotisches Verhalten" war eine bloße Reaktion auf das, was in seinem Kopf vorging. Wird das Leben so intensiv und komplex, sucht unsere Psyche einen schnellen Ausweg. Zu viel Input, zu viel Negativität, zu viele Entschei-dungen können einen Bewältigungsmechanismus auslösen, der wenig gesund ist.

Ursache Nr. 2: Das Paradox der Wahlfreiheit

Die Wahlfreiheit, die wir in unseren westlichen Gesellschaften so hoch schät-zen, kann schnell an den Punkt kommen, an dem sie unserer geistigen Gesund-heit schadet. Der Psychologe Barry Schwartz spricht von dem „Paradox der Entscheidungsfreiheit". Damit meint er, dass vermehrte Auswahl zu größerer Angst führt, zur Entscheidungsunfähigkeit, zu Lähmung und Unzufriedenheit. Eine größere Wahlmöglichkeit führt objektiv betrachtet zwar zu besseren Er-gebnissen, aber sie macht nicht glücklich.

Stellen Sie sich vor, Sie gehen einkaufen. Nach dem amerikanischen Food Marketing Institute gab es 2014 42.214 Waren in einem durchschnittlichen Supermarkt. Wenn Sie früher zehn Minuten brauchten, um das Nötigste einzukaufen, benötigen Sie jetzt schon genauso lang, um nur die quälende Entscheidung zu treffen, welchen Joghurt oder welche glutenfreien Kekse Sie kaufen wollen.

Versuchen Sie einmal, eine Jeans zu kaufen, also sozusagen die Grundausstat-tung Ihrer Garderobe. Sie haben die Qual der Wahl. Loose fit? Regular fit? Boot-cut? Skinny fit? Super skinny fit? Slim fit? Knöpfe oder Reißverschluss? Bereits so ein simpler Einkauf kann Sie zum Hyperventilieren bringen!

Steve Jobs, Mark Zuckerberg, selbst Ex-Präsident Obama trafen bewusst die Ent-scheidung, ihre Kleidungsoptionen so einzuschränken, dass sie sich morgens beim Ankleiden nicht mehr überfordert fühlen. Laut einem Artikel von Michael Lewis in der „Vanity Fair" begründet der Ex-Präsidenten seine Garderoben-Begrenzung damit, dass er immer blaue oder graue Anzüge trage und die Zahl seiner Entscheidungen verringern wolle. Er wolle nicht auch noch überlegen müssen, was er anziehe oder esse. Es gebe wahrlich wichtigere Entscheidungen ...

Ursache Nr. 3: Zu viel „Zeug"

Unsere Wohnung ist vollgestopft mit Kleidern, die wir nie tragen, Büchern, die wir nie lesen, unnützem technischen Schnickschnack, den wir nicht brauchen. Wir kriegen mehr E-Mails, als gut für uns ist. Unser Schreibtisch ächzt unter seiner Last, unser Handy meldet uns, wir bräuchten mehr Datenvolumen.

Wir schrieben in unserem Buch „10-Minute Digital Declutter": „Wir sind bereits so sehr zu Sklaven unserer Kommunikationsgeräte geworden, dass wir lieber zu schnellen Infos und Spielen greifen, als uns in der wirklichen Welt zu unterhalten oder Erfahrungen zu machen."

Aufgrund des ununterbrochenen Informationsflusses und unseres Zugangs zur Technologie ist es einfacher als je zuvor, zum Massenkonsument von Dingen und Daten zu werden. Ein Knopfdruck – und wir können alles bestellen, vom Buch bis zum Motorboot. Und am nächsten Tag wird es uns an die Haustür geliefert.

Wir stopfen unsere Wohnung mit Dingen voll, die wir nicht brauchen, und unsere wertvolle Zeit mit einem ununterbrochenen Fluss an Tweets, Updates, Blogs und Kätzchenvideos. Überall um uns herum stapeln sich Informationen und Sachen – und wir können einfach nichts dagegen tun!

All dieses unnötige Zeug und die Daten fressen nicht nur unsere Zeit und Produktivität, sie erzeugen auch ängstliche und negative Gedankenreaktionen.

Zum Beispiel:

- „Meine Freundin auf Facebook wirkt glücklich. Aber mein Leben ist Mist."

- „Soll ich mir den Aktivitäts-Tracker kaufen und meine Gesundheit überwachen? Ich will ja nicht früh sterben."

- „Mann, ich habe vergessen, im Internet das Seminar ‚Millionär mit 40' mitzumachen – vielleicht habe ich etwas Wichtiges verpasst!"

Alles wirkt immerzu bedeutend und dringend. Jede E-Mail muss augenblicklich beantwortet werden. Wir müssen technisch immer auf dem allerneusten Stand sein.

Wir befinden uns fortwährend in einem aufgeregten Zustand, beschäftigen uns mit Banalitäten, haben aber den Kontakt zu unseren Mitmenschen und unseren eigenen Gefühlen verloren.

Wie oft spüren wir, dass wir nicht mehr zum Aufräumen kommen, weil wir zu beschäftigt damit sind, neue Dinge und neue Informationen zu konsumieren. Aber irgendwann sind wir von all dieser Geschäftigkeit mental und emotional ausgelaugt.

Wir verarbeiten alles, was auf uns einstürzt, wir analysieren, wir erwägen und wir sorgen uns, bis wir brechen.

Wie nur haben wir die Werte und Prioritäten aus dem Blick verloren, die uns früher ausgeglichen und gesund hielten? Was können wir nun tun? Wir können ja nicht in der Zeit zurück und ganz ohne Technik leben. Wir können nicht all unseren weltlichen Besitz verschenken und uns wie ein Einsiedler in einer Höhle verkriechen. Wir müssen lernen, in der modernen Welt zu leben, ohne deshalb durchzudrehen.

Unsere Sachen aufzuräumen und weniger Zeit im Internet und mit dem Smartphone zu verbringen, lindert schon einige unserer Ängste und unser negatives Denken. Es bleiben noch genug Gründe, uns im mentalen Müll der negativen Gedanken, der Sorgen und des Bedauerns zu verlieren.

Wir machen uns Sorgen um unsere Gesundheit, den Arbeitsplatz, die Kinder, die Wirtschaft, unsere Beziehung, wie wir aussehen, was die anderen von uns denken, den Terrorismus, die Politik, schmerzhafte Erinnerungen und unsere Zukunft, von der wir noch nichts wissen. All diese Gedanken lassen uns leiden und untergraben das Glück, das wir gerade jetzt empfinden könnten – wenn wir nicht diese beständige Stimme im Kopf hätten, die uns immerzu aufhetzt.

Ursache Nr. 4: Die negative Voreingenommenheit

„Und genau in diesem Augenblick, als ich spät nachts in meinem Bett lag, begriff ich zum ersten Mal, dass die Stimme in meinem Kopf – der immerwährende Kommentar, der mein Bewusstsein beherrschte, seit ich mich erinnern konnte – einfach nur ein Arschloch war."

Dan Harris

Das menschliche Nervensystem entwickelt sich seit 600 Millionen Jahren, aber es reagiert noch genauso wie bei unseren frühesten Vorfahren, die jeden Tag lebensbedrohliche Situationen zu meistern hatten, um zu überleben.

Dr. Rick Hanson, Senior Fellow des Greater Good Science Center an der University of California in Berkeley schreibt in einem Artikel auf seiner Website, Mutter Natur hätte ein Gehirn entwickelt, das zum Überleben unserer Ahnen routinemäßig drei Fehler hätte machen müssen: Es musste Gefahren schlimmer bewerten als sie waren, musste Chancen schlechter einschätzen und ebenso die Versorgungslage mit Lebensmitteln – damit wir besser mit Gefahren umgehen und Chancen nutzen konnten.

Das führte zur Verstärkung der „negativen Voreingenommenheit", unserer Neigung, auf negative Reize drastischer zu reagieren als auf positive. Negative Reize erzeugen stärkere neuronale Aktivität als ähnlich intensive positive (z. B. laute, helle). Wir nehmen sie leichter und schneller wahr. Das Gehirn wirke bei negativen Erfahrungen wie ein Klettverschluss, bei positiven wie eine Teflonpfanne, formuliert Hanson.

Was hat nun diese negative Voreingenommenheit mit unserem Denken zu tun? Sie bedeutet, dass unser Gehirn so programmiert ist, dass wir zu viel nachdenken, uns Sorgen machen und die Lage negativer einschätzen, als sie wirklich ist. Gefahren wirken bedrohlicher und Herausforderungen unbezwingbarer.

Jeder negative Gedanke, der uns in den Sinn kommt, wirkt real. Deshalb nehmen wir an, dass er der Wirklichkeit entspricht. Aber wir leben nicht mehr in einer Höhle und stellen uns dem täglichen Überlebenskampf. Wir sind zwar darauf programmiert, negativ zu denken, wir müssen diese Einstellung aber nicht mehr akzeptieren.

Sam Harris zufolge gibt es eine Alternative dazu, sich einfach mit dem nächsten Gedanken zu identifizieren, der einem durch den Kopf schießt. Diese Alternative nennt man Achtsamkeit. Achtsamkeit kann die alltäglichsten Handlungen begleiten, man kann sie durch bestimmte Übungen trainieren, die wir in unserem Buch beschreiben.

Achtsamkeit erfordert, dass wir unser Gehirn neu darauf programmieren, sich aus dem zukünftigen Mentalmüll herauszuhalten und sich stattdessen auf den gegenwärtigen Augenblick zu konzentrieren. Sind Sie achtsam, hängen Sie nicht länger an Ihren Gedanken. Sie sind einfach nur gegenwärtig in dem, was Sie derzeit tun.

Klingt doch einfach, oder?

Das Konzept ist täuschend einfach – aber das Denken zu ändern ist nicht ganz so simpel.

So, wie bei jeder anderen Gewohnheit, die wir entwickeln, benötigt das Entmüllen des Geistes Übung, Geduld und die Bereitschaft, klein anzufangen und dann zu wachsen. Glücklicherweise zeigen wir Ihnen in diesem Buch, wie Sie das machen können.

Sie werden nicht nur Übungen erlernen, Ihr Gehirn zu trainieren und Ihre Gedanken zu beherrschen, Sie werden auch jene Gewohnheiten üben und entwickeln, die diese mentalen Übungen tagtäglich unterstützen.

In diesem Kapitel beschreiben wir vier Gewohnheiten, die Sie nutzen können, um Ihre Gedanken aufzuräumen. Sie werden merken, dass Sie nicht nur konzentrierter und produktiver werden, wenn Sie Ihr Denken beherrschen, sondern auch in Frieden mit all den Herausforderungen des modernen Lebens leben.

Beginnen wir mit der ersten Gewohnheit, die Ihr Gehirn neu trainiert – dem konzentrierten Atmen.

Gewohnheit Nr. 1 zum geistigen Aufräumen: Konzentrierte tiefe Atmung

„Gefühle kommen und gehen wie Wolken im Wind.
Das bewusste Atmen ist mein Anker."

Thích Nhat Hanh

Jeden Tag atmen wir rund 20.000 Mal, und doch denken wir kaum darüber nach. Ihr Gehirn passt Ihre Atmung automatisch an den Bedarf Ihres Körpers an. Steigen Sie Treppen oder gehen Sie joggen, müssen Sie nicht darüber nachdenken, ob Sie nun tiefer einatmen, damit Sie mehr Sauerstoff in die Muskeln befördern können. Das passiert ganz einfach.

Um Ihre Atmung an die veränderten Bedürfnisse Ihres Körpers anzupassen, arbeiten Sensoren in Ihrem Gehirn, in den Blutgefäßen, Muskeln und Lungen zusammen, um das für Sie zu erledigen. Aber wann immer Sie die Kontrolle haben wollen, geht das ganz einfach. Sie können Ihre Atmung entschleunigen, den Ort der Atmung verändern (Brust oder Bauch), Sie können sogar flach oder tief atmen.

Eine Änderung in der Atmung ist oft das erste Anzeichen dafür, dass uns unsere Gedanken gerade überfordern oder stressen. Fühlen wir uns ängstlich, niedergeschlagen, bedrängt, gehetzt oder verärgert, atmen wir schneller oder kürzer. Das moderne Leben und unsere Arbeit tragen ebenfalls zu falschem, flachem Atmen bei.

Barrie schreibt in ihrem Buch *„Peace of Mindfulness: Everyday Rituals to Conquer Anxiety and Claim Unlimited Inner Peace":*

> „Leider sitzen wir praktisch den ganzen Tag über, deshalb müssen wir nie tief atmen, wie unsere Vorfahren es taten, wenn sie jagten, sammelten, das Land bearbeiteten oder andere manuelle Arbeiten verrichteten. Wir sitzen hinter unseren Schreibtischen und wälzen uns auf dem Sofa und schauen Fernsehen. Deshalb haben wir uns angewöhnt, kurz und flach zu atmen.
>
> Wenn wir es eilig haben oder hetzen, dann passt sich unsere Atmung mit schnellen, nervösen Atemzügen an. Sind wir gestresst, ängstlich

oder konzentrieren wir uns auf ein Problem, ziehen sich unsere Körper zusammen und wir beugen uns mit gesenkten Köpfen, verschränkten Armen und angespannten Muskeln nach vorn.

All diese Körperhaltungen schränken die Atmung ein. Manchmal sind wir so mit dem Stress und unseren Sorgen beschäftigt, dass sich die Muskeln des Brustkorbs, die das Einatmen und die Muskelspannung kontrollieren, verkrampfen und die Ausatmung behindern. Dann vergessen wir sozusagen zu atmen."

Sie achten vermutlich nicht besonders auf Ihre Atmung und Ihre Körperhaltung. Werden Sie sich aber Ihrer Atmung bewusster, fördern Sie einen ruhigeren Körper- und Bewusstseinszustand.

Achten Sie daher ab jetzt darauf, wie Sie atmen, und werden Sie sich bewusst, wie Sie im Laufe des Tages ein- und ausatmen.

Wir empfehlen, an vier Dinge zu denken, wenn Sie sich angewöhnen, tief zu atmen.

1. Statt sich vor den Schreibtisch oder auf das Sofa zu fläzen, setzen Sie sich aufrecht hin und geben Ihren Lungen dadurch mehr Platz für Sauerstoff. Werden Sie sich der Bereiche gewahr, wo Ihr Körper angespannt ist, und „atmen" Sie mental in diese Bereiche hinein. Merken Sie, wie Sie sich beim Atmen entspannen.

2. Atmen Sie bewusst durch die Nase statt durch den Mund, Ihre Nase verfügt über einen Abwehrmechanismus, der Schadstoffe ausfiltert und kalte Luft von Ihrem Körper fernhält. Ihre Nase spürt auch Gase auf, die für Sie giftig sein könnten. Viren und Bakterien gelangen durch Mundatmung in die Lungen. Verlassen Sie sich lieber auf die Nase!

3. Wenn Sie einatmen, atmen Sie mit dem Bauch, indem sie Ihren Magen leicht nach außen wölben, und atmen Sie, als wollten Sie den Magen mit Luft füllen. Atmen Sie langsam aus. Ihr Magen kommt in die alte Stellung zurück.

4. Achten Sie auf den Unterschied zwischen der Flachatmung (die an der Brust endet) und der Bauch- oder Zwerchfellatmung (bei der auch die unteren Lungenhälften gefüllt werden, womit der gesamte Sauerstoff ausgetauscht wird). Die Bauchatmung massiert durch die Bewegung des Zwerchfells zudem die Organe des Bauches.

Eine der besten Methoden, sich von negativen Gedanken zu trennen und den Geist zu kontrollieren, ist langsames, tiefes, rhythmisches Atmen. Dieses konzentrierte Atmen stimuliert den Parasympathikus, verringert die Herzfrequenz, entspannt die Muskeln, beruhigt den Geist und normalisiert die Gehirnfunktion.

Tiefes Atmen verbindet Sie mit Ihrem Körper, es verlagert Ihre Bewusstheit von Ihren Sorgen und Grübeleien weg und beruhigt den inneren Monolog in Ihrem Gehirn. Die physiologischen Veränderungen durch tiefes Atmen nennt man Benson-Meditation oder Entspannungsreaktion.

Der Begriff wurde von Dr. Herbert Benson geprägt, dem Universitätsdozenten, Autor, Kardiologen und Gründer des Mind/Body Medical Institute in Harvard. In seinem Buch „Gesund im Stress. Eine Anleitung zur Entspannungsreaktion" beschreibt er den Nutzen mehrerer Entspannungstechniken (darunter der Zwerchfellatmung) zur Behandlung einer großen Bandbreite von stressbedingten Leiden. Demzufolge sei die Entspannungsreaktion ein physischer Zustand der tiefen Ruhe, der die physische und emotionale Reaktion auf Stress verändere und das genaue Gegenteil des Fluchtreflexes darstelle.

Die tiefe Atmung fördert nicht nur die Entspannungsreaktion, sondern hat noch weitere gut erforschte positive Auswirkungen auf die Gesundheit. Unter anderem vermag die Tiefenatmung Folgendes:

- Sie stärkt das wirkmächtige, das Immunsystem kräftigende Molekül Stickstoffmonoxid, das die Nasennebenhöhlen während der Atmung erzeugen.

- Sie verbessert die Blutqualität, indem sie Gifte ausfiltert und die Sauerstoffaufnahme steigert.

- Sie trägt zur Verdauung und zur verbesserten Nahrungsaufnahme durch einen effizienteren Magen- und Darmtrakt bei.

- Sie verbessert Gesundheit und Funktion des Nervensystems durch eine erhöhte Sauerstoffaufnahme.

- Sie verbessert die Funktion der Eingeweide und des Herzens durch einen gestärkten Kreislauf.

- Sie trägt zur Vermeidung von Atemproblemen bei, weil die Lungen immer kräftiger werden.

- Sie verringert den Blutdruck und trägt zur Vermeidung von Herzkrankheiten bei, weil das Herz effizienter arbeitet.

- Sie hilft bei der Gewichtskontrolle, weil der zusätzliche Sauerstoff das überflüssige Fett effizienter verbrennt.

Wenn Sie die Bauchatmung jeden Tag nur wenige Minuten üben, nehmen Sie eine lebenslange Angewohnheit an, deren Nutzen jahrelange Forschungen erwiesen haben. Sie klären Ihren Geist, verringern den Stress und entspannen Geist und Körper.

Barrie übt das tiefe Atmen mehrmals am Tag. Sie unterbricht entweder kurz ihre Arbeit oder tut es vorm Schlafengehen, um ihren Körper und ihren Geist auf den Schlaf einzustimmen. Sie können das achtsame Atmen überall und zu jeder Tageszeit üben, besonders dann, wenn Ihnen gerade der Kopf raucht, Sie sich gestresst fühlen oder ängstigen. Selbst nur ein paar Minuten achtsames Atmen am Tag kann zu einem verbesserten Wohlbefinden und zur geistigen Ruhe beitragen.

Vielleicht wollen Sie immer zu einer bestimmten Tageszeit und regelmäßig üben, weil achtsames Atmen die Grundlage der Meditationspraxis darstellt, zu der wir später noch kommen. Wenn Sie aus Gewohnheit täglich 5 bis 10 Minuten bewusst atmen, können Sie diese Routine zum Ausgangspunkt Ihrer Meditationspraxis machen.

Folgende sieben Schritte tragen dazu bei, die Praxis des tiefen Atmens in den Alltag einzubinden.

1. Legen Sie fest, wann Sie immer bewusst atmen wollen. Dazu eignet sich eine bereits etablierte Gewohnheit, etwa das Zähneputzen.

   Der Morgen ist ideal zum Üben, da Sie sich dann auf den Tag einstimmen. Doch vielleicht bevorzugen Sie eher mittags eine Pause, weil es dann bei der Arbeit hektischer zugeht. Auch vor dem Schlafengehen ist eine gute Zeit, denn dann fördern Sie die zum Einschlafen nötige Ruhe.

2. Wählen Sie für die Atemübungen einen ruhigen Platz, an dem Sie weder abgelenkt noch gestört werden können. Schalten Sie das Telefon ab, den Computer und jedes andere Gerät, das jetzt stören könnte.

3. Stellen Sie den Wecker auf 10 Minuten.

4. Setzen Sie sich in Meditationshaltung (z. B. im Lotussitz) auf ein Kissen auf den Boden oder – mit aufrechtem Rücken und fest auf dem Boden stehenden Füßen – auf einen Stuhl. Die Hände ruhen sanft in Ihrem Schoß.

5. Atmen Sie langsam durch die Nase ein, bis Ihre Lungen prall gefüllt sind. Das Einatmen drückt Ihren Magen heraus.

6. Am Ende des Einatmens halten Sie inne und zählen bis zwei.

7. Atmen Sie langsam, gleichmäßig und vollständig aus, Ihr Magen gleitet jetzt in seine angestammte Lage zurück. Machen Sie auch nach dem Ausatmen eine Pause.

Atmen Sie anfangs nicht zu viel Luft auf einmal ein. Atmen Sie ein, bis Sie bis vier gezählt haben, halten Sie inne, bis Sie bis zwei gezählt haben, atmen Sie wieder aus und zählen Sie wieder bis vier. Wenn Sie merken, dass Sie hyperventilieren, atmen Sie nicht mehr so tief ein. Durch die Übung verbessert sich Ihre Lungenkapazität und Sie können mehr Luft einatmen.

Betrachten wir nun eine weitere Achtsamkeitsübung, die sich ebenfalls mit konzentriertem Atmen befasst, aber zu einem höheren Grad der Ruhe, der geistigen Klarheit und des inneren Friedens führt.

Gewohnheit Nr. 2 zum geistigen Aufräumen: Meditation

„Meditation ist keine Methode, um den Geist zu beruhigen. Es ist eine Methode, um zu der Ruhe zu kommen, die längst vorhanden ist – und zwar begraben unter den 50.000 Gedanken, die der Durchschnittsmensch jeden Tag hat."

Deepak Chopra

Man muss weder Buddhist sein noch Mystiker oder Ex-Hippie mit Heilstein um den Hals, um zu meditieren. Man kann jedweder spirituellen Überzeugung oder Religion angehören oder gar keine Religion haben, und doch die Früchte der Meditation ernten und sie als Werkzeug einsetzen, das den Geist aufräumt.

Wenn Sie noch nie meditiert haben oder mit der Idee nicht vertraut sind, dann schreckt Sie vermutlich die Vorstellung ab, im Lotussitz ruhig dazuhocken und den Geist zu leeren. Aber die Klischeevorstellung des in einer Höhle meditierenden Einsiedlers sollte Sie nicht davon abhalten, es zumindest einmal zu versuchen.

In seinem Buch „Wie ich die entscheidenden 10 % glücklicher wurde" stellt Dan Harris fest, dass die Meditation zwar ein massives PR-Problem hat, doch dass nach dem Abstreifen all des kulturellen Ballasts nur eine simple Übung für das Gehirn übrig bleibt.

Meditation wird bereits seit Tausenden von Jahren praktiziert und entstammt der buddhistischen, hinduistischen und chinesischen Tradition. Es gibt Dutzende unterschiedliche Arten der Meditationspraxis, doch die meisten Übungen beginnen mit denselben Schritten – dem stillen Sitzen, der bewussten Konzentration auf die Atmung und der Zurückweisung jedweder Ablenkung.

Die Ziele der Meditation unterscheiden sich je nach Meditationspraxis und dem, was sich der Meditierende wünscht. Hier setzen wir Meditation als Werkzeug ein, um das Gehirn zu trainieren und die Gedanken zu beherrschen, sowohl während der Meditation als auch im Alltag.

Der Nutzen der Meditation zeigt sich in Ihrem Alltagsleben. Sie können Grübelei und Sorgen kontrollieren, dazu kommen positive gesundheitliche Auswirkungen, von denen wir später noch sprechen werden.

Der Schlüssel zur Zufriedenheit mit dem Meditieren liegt in der Übung. Indem Sie täglich meditieren, verbessern Sie Ihre Fähigkeit und entdecken, wie sich der geistige, physische und emotionale Nutzen stetig steigert.

Barrie merkt, dass sie an den Tagen, an denen sie meditiert, weniger ängstlich und erregbar ist und sich besser auf ihre Arbeit, hauptsächlich das Schreiben, konzentrieren kann. Sie hat ebenfalls festgestellt, dass sie immer besser im gegenwärtigen Augenblick bleiben kann und leichter zu der vor ihr liegenden Aufgabe zurückkehrt, wenn eine potenzielle Ablenkung auftaucht. Barrie nutzt kurze Meditationspausen im Laufe des Tages, um sich bei stärkerem Stress schnell zu entspannen.

Die Schritte zur Meditation sind einfach und simpel, die Übung selbst allerdings weniger leicht, als es wirkt. Zuerst fühlt es sich so an, als versuchten Sie Flöhe zu hüten, wenn Sie den Geist beruhigen und fokussieren wollen. Je häufiger Sie aber üben, desto einfacher und schöner wird es.

Professor David Levy schrieb in „USA Today", die Meditation lasse sich mit sportlichen Übungen vergleichen. Man trainiere seinen Aufmerksamkeitsmuskel.

Von allen Techniken, die wir in diesem Buch beschreiben, kann die Meditation die tiefgreifendste Wirkung auf Ihr Wohlbefinden haben. Meditation gilt lange schon als Mittel zur Verbesserung der Konzentrationsfähigkeit, jüngst aber haben Untersuchungen das auch wissenschaftlich belegt.

- Eine Studie der University of Washington erwies, dass Meditation die Produktivität erhöht und die Konzentrationsfähigkeit steigert.

- Eine im „Brain Research Bulletin" publizierte Studie stützt die Behauptung, Meditation könne Stress verringern.

- Eine Studie der Medical School der University of Massachusetts zeigte, dass Meditation die Gehirnkraft auf mehrere Weise stärkt.

- Weitere Studien haben ergeben, dass Meditation das alternde Gehirn erhält, Symptome von Depression und Angst lindert, die Merk- und Lernregionen im Gehirn stärkt und zum Kampf gegen Sucht beiträgt.

- Wissenschaftler fanden heraus, dass Meditation ebenfalls dazu beiträgt, um die Ecke zu denken und auf diese Weise innovativ zu werden.

Wir weisen auf diese Studien hin, um noch einmal den großen Nutzen der Meditation herauszustreichen – einen Nutzen, den nun nicht nur die jahrtausendealte Tradition allein, sondern auch die nüchterne Wissenschaft bestätigt. Sollten Sie noch daran gezweifelt haben, dass Meditation die Mühe wert ist, sind Sie jetzt hoffentlich anderer Meinung.

Lassen Sie uns mit einer 10-Minuten-Meditation anfangen, die auch Barrie und Steve üben – und mit der Sie bereits heute beginnen können. Daran ist nichts kompliziert oder reiner Modegag. Sie benötigen weder besondere Kleidung noch Hilfsmittel. Sie brauchen nur einen ruhigen Platz und die Bereitschaft, es zu versuchen.

In diesen einfachen elf Schritten entwickeln Sie die Gewohnheit zum Meditieren:

1. Suchen Sie für die Meditation einen stillen und aufgeräumten Platz, an dem Sie die Tür hinter sich schließen können.

2. Legen Sie einen fixen Zeitpunkt für die tägliche Übung fest. Wenn Sie bereits die tiefe Atmung üben, können Sie das als Ausgangspunkt für die neue meditative Gewohnheit nutzen. Sie können auch einen anderen Ausgangspunkt bestimmen und zu einem anderen Zeitpunkt meditieren.

3. Entscheiden Sie, ob Sie auf einem Kissen am Boden oder mit aufrechtem Rücken auf einem Stuhl oder Sofa sitzen wollen. Lehnen Sie sich nicht zurück, Sie könnten einschlafen.

4. Stellen Sie sicher, dass Sie nichts ablenken wird. Stellen Sie alle Telekommunikationsgeräte ab. Schalten Sie alles aus, was Geräusche verursacht. Haustiere sollten auch fort!

5. Stellen Sie den Wecker auf 10 Minuten.

6. Sitzen Sie bequem entweder auf einem Stuhl oder mit gekreuzten Beinen auf einem Kissen auf dem Boden. Halten Sie den Rücken aufrecht, Ihre Hände ruhen sanft in Ihrem Schoß.

7. Schließen Sie die Augen oder blicken Sie mit offenen Augen nach unten. Atmen Sie tief und reinigend durch die Nase – drei oder vier Atemzüge sollten reichen.

8. Werden Sie sich allmählich Ihrer Atmung bewusst. Achten Sie darauf, wie die Luft durch die Nasenlöcher in Sie ein- und ausströmt, wie sich Ihre Brust und Ihr Bauch heben und senken. Atmen Sie natürlich, übertreiben Sie nicht.

9. Konzentrieren Sie Ihre Aufmerksamkeit auf die Empfindung des Atmens. Sie können beim Einatmen sogar „ein" und beim Ausatmen „aus" denken.

10. Anfänglich schweifen Sie in Gedanken immer wieder ab. Lassen Sie das zu, kehren Sie dann aber wieder zurück und achten Sie auf das Empfinden des Atmens.

    Verurteilen Sie sich nicht, wenn Sie abschweifen. Da will Ihr „Affengeist" nur wieder ans Ruder. Führen Sie Ihre Aufmerksamkeit einfach zurück zum achtsamen Atmen. Es kann gut sein, dass sie das am Anfang dutzende Male tun müssen.

11. Während Sie sich auf die Atmung konzentrieren, werden Sie andere Sinneseindrücke und Empfindungen wahrnehmen, zum Beispiel Geräusche, eine unbequeme Haltung, Emotionen usw. Bemerken Sie diese, wenn sie in Ihrem Bewusstsein auftauchen, kehren Sie dann sanft zur Empfindung des Atmens zurück.

Sie setzen sich zum Ziel, nur noch Zeuge der Geräusche, Empfindungen, Emotionen und Gedanken zu sein, die auftauchen und wieder vergehen. Betrachten Sie sie aus der Distanz, ohne sie zu verurteilen und ohne innere Bewertung.

Statt Ihren Geist die Kontrolle übernehmen zu lassen, der jedem Gedanken und jeder Ablenkung folgt, beherrschen Sie Ihren Geist und Ihre Fähigkeit, zur Gegenwärtigkeit zurückzukehren, nach und nach immer besser.

Anfänglich glauben Sie, einen immerwährenden Kampf mit Ihrem „Affengeist" zu führen. Mit mehr Übung müssen Sie Ihre Gedanken nicht mehr ständig umleiten. Sie fallen von sich aus weg, Ihr Geist öffnet sich dann der unermesslichen Ruhe und dem gewaltigen Raum des Hier und Jetzt. Diese Erfahrung ist zutiefst friedlich und zufriedenstellend.

Meister der Meditation nennen diesen Ort der Stille die „Lücke" – den stillen Leerraum zwischen den Gedanken. Am Anfang ist diese Lücke recht schmal, Sie sind selten länger als ein paar Nanosekunden dort. Wenn Sie über mehr Meditationspraxis verfügen, erweitert sich die Lücke und taucht häufiger auf. Sie selbst halten sich dann länger dort auf.

Einen kurzen Augenblick im Raum dieser Lücke erfahren Sie durch die folgende Übung: Schließen Sie die Augen und achten Sie auf Ihre Gedanken. Bemerken Sie, wie diese auftauchen und bald danach wieder verschwinden. Dann fragen Sie sich: „Wo kommt wohl mein nächster Gedanke her?" Halten Sie inne, warten Sie auf die Antwort. Achten Sie auf die winzige Lücke in Ihrem Denken, während Sie auf die Antwort warten.

Eckhart Tolle, der Autor des Buches „Jetzt! Die Kraft der Gegenwart", vergleicht diese Erfahrung der Lücke mit einer Katze, die vor einem Mauseloch lauert. Sie sind wach, Sie warten, aber haben in der Lücke keine Gedanken.

Sie können die „Lücke zwischen den Gedanken" auch üben, indem Sie sich in einen Zustand des tiefen Zuhörens versetzen. Sitzen Sie still da und lauschen Sie intensiv, als wollten Sie einen leisen und fernen Ton erhaschen. Wieder sind Sie aufmerksam, wach, und warten, ohne sich von Gedanken ablenken zu lassen.

Wenn Sie mit dem Meditieren beginnen, erleben Sie vielleicht gar keine Lücke. Es wird eher so sein, dass Sie ohne Unterlass Ihre Gedanken neu ausrichten, merken, wie unbequem Sie sitzen, und sich fragen, warum Sie das hier überhaupt machen.

Sie verurteilen sich vielleicht, weil Sie es „nicht richtig" machen. Sie fragen sich, warum Sie keine Fortschritte machen. Während des Meditierens schweift Ihr Geist ab und irrt herum und fragt Sie, wie es Ihnen geht und ob das mit der Meditation klappt. Falls Sie den Raum zwischen den Augenblicken erspüren, lenkt Sie die Freude darüber, dass Sie endlich so weit sind, sofort wieder ab.

Ihre Aufgabe liegt nun aber darin, einfach nur zu beobachten und den Geist zurück in den gegenwärtigen Augenblick zu bringen, zurück zur Atmung. Ziel der Meditation ist ja nicht, ins Nirwana zu gelangen oder zur Erleuchtung zu kommen.

Es geht darum, die Kontrolle über Ihren Geist zu bekommen, bis das auch Ihr Geist kapiert hat und endlich einknickt. Als Ergebnis haben Sie ein geistiges Heim, das Sie kontrollieren – und nicht umgekehrt.

Manche Menschen, die zu meditieren beginnen, bevorzugen eine geführte Meditation, damit sie ein Gespür für die Praxis bekommen und sich besser konzentrieren können. Es gibt online jede Menge geführter Meditationen, dazu kommen noch viele Smartphone-Apps.

Wir empfehlen drei (allerdings alle auf Englisch):

1. Buddhify stellt über 80 geführte Audiomeditationen zu verschiedenen Themen zur Verfügung.

2. Omvana hat Dutzende geführter Meditationen von renommierten Lehrern und spirituellen Führern.

3. Headspace eine Reihe 10-minütiger Übungen für Ihren Geist.

Wenn Sie gern meditieren, dehnen Sie die Praxis doch allmählich von 10 Minuten täglich auf 30 Minuten aus. Oder Sie versuchen es mit zwei 15-minütigen Sitzungen zu zwei unterschiedlichen Zeiten am Tag.

Steve und Barrie halten es für sinnvoll, eine Art Meditationstagebuch zu führen, in dem Sie Ihre Erfahrungen und Empfindungen bei der Meditation niederschreiben. Machen Sie Ihre Notizen unmittelbar nach der Meditation, solange die Erinnerung noch frisch ist. Schreiben sie ruhig, dass Sie unbequem saßen oder abgelenkt wurden, aber auch, wenn Sie – selbst nur kurz – den Platz dazwischen gespürt haben. Beschreiben Sie auch die Veränderung in Ihrem alltäglichen Geisteszustand – ob Sie sich etwa Sorgen machen oder gestresst sind.

Im Laufe der Zeit erhalten Sie so ein Dokument, das Ihnen zeigt, wie sich Ihre Praxis verbessert hat – und wie sich diese Praxis auf Ihren generellen Seelenzustand ausgewirkt hat.

Sollte aber Meditation so gar nicht Ihr Ding sein, versuchen Sie es mit einer anderen Gewohnheit, die Ihnen zeigt, wie Sie Ihre negativen Gedanken neu einordnen können. Darüber wollen wir nun sprechen.

Gewohnheit Nr. 3 zum geistigen Aufräumen: Rahmen Sie ALLE Negativgedanken neu

„Ob du denkst, du kannst es oder du kannst es nicht: Du wirst auf jeden Fall recht behalten."

Henry Ford

Wie wir denken, ermöglicht unser Überleben und Bestehen in der modernen Welt. Das kritische Denken macht eine schnelle und effektive Lösung von Problemen möglich. Das kreative Denken befähigt uns, ausgefallene, ausführliche und originelle Ideen und Verknüpfungen zu entwickeln. Aber das unerwünschte negative Denken verstopft unseren Geist und saugt uns oft genug die Lebenskraft aus.

Der australische Psychologe Dr. Russ Harris schreibt in seinem Buch „Raus aus der Glücksfalle: Ein Umdenk-Buch in Bildern", die Evolution habe unsere Gehirne so entwickelt, dass wir darauf programmiert seien, psychisch zu leiden: zu vergleichen, zu bewerten, uns zu kritisieren, uns auf das zu konzentrieren, was wir nicht könnten, schnell mit dem nicht mehr zufrieden zu sein, was wir hätten, und uns jede Menge Angstszenarien auszudenken, die sich ohnehin nie ereignen würden. Da wundere es nicht, dass der Mensch einfach nicht glücklich werde!

Die meisten Menschen sind ihr Leben lang Opfer ihrer negativen Gedanken. Sie glauben, dass sie die Gedanken in ihrem Kopf nie kontrollieren können – schlimmer noch, sie glauben den „Stimmen" im Kopf, die ihnen vorgaukeln, der Himmel stürze bald ein.

Die negative Voreingenommenheit ist zwar eine Tatsache, doch sie ist gegen Ihre Bemühungen um Veränderung und Selbsterkenntnis nicht gefeit. Es fühlt sich vielleicht ganz natürlich an, wenn unser Geist in Sorgen und Ängste abdriftet, aber Sie haben diese negativen Gedanken stets bestärkt, weil Sie nie dagegen angegangen sind. Sie dachten, diese Gedanken seien Sie. Aber Sie haben die Möglichkeit, diese Neigung zu erkennen und sie zu verändern, indem Sie Ihre Gewohnheit neu rahmen.

Der erste Schritt besteht darin, diese Gedankenmuster zu bemerken und sie abzubrechen, bevor sie außer Kontrolle geraten.

Es gibt sechs Strategien, die Sie im Laufe des Tages einsetzen können, um das Muster zu durchbrechen und den Geist zu zähmen.

Jede dieser Methoden benötigt nur wenige Minuten.

Strategie Nr. 1: Seien Sie der Beobachter

Beginnen Sie damit, sich Ihrer Gedanken gewahr zu werden. Trennen Sie Ihr „Selbst" von Ihren Gedanken. Beobachten Sie nur, was in Ihrem Geist vorgeht.

Es ist wichtig, dass Sie das ganz neutral tun und keinen Gedanken beurteilen. Werden Sie sich Ihrer selbst als unbeteiligter Beobachter Ihrer Gedanken bewusst.

Diese Übung kann man in unregelmäßigen Abständen im Laufe des Tages oder während einer Meditationssitzung durchführen. Die Gedanken zu beobachten, statt an ihnen zu hängen entmachtet die Gedanken und die Gefühle, die sie hervorrufen.

Strategie Nr. 2: Benennen Sie den Gedanken

Eine weitere Methode, sich von Ihren Gedanken zu trennen, besteht darin, anzuerkennen, dass es sich nur um Gedanken handelt – und *nicht* um die Wirklichkeit.

Wenn Sie beispielsweise denken: „Das schaffe ich nie!", ändern Sie diesen geistigen Dialog in: „Ich denke gerade den Gedanken, dass ich das nie schaffe."

Das bekräftigt die Tatsache, dass es eben nur ein Gedanke ist.

Strategie Nr. 3: Sagen Sie einfach Nein

Wenn Sie merken, dass sie sich in einer Endlosschleife der Grübelei verfangen haben, sagen sie einfach laut: „STOPP!" Das laute Aussprechen bekräftigt die Aussage. Visualisieren Sie dann, wie auf der Startbahn Ihrer amoklaufenden Gedanken eine schwere Stahltür zuschlägt.

Barrie visualisiert manchmal, wie sie einen negativen Gedanken in ein tiefes Loch schubst oder an einem Ballon befestigt, der dann davonfliegt.

Strategie Nr. 4: Versuchen Sie es mit dem Gummiband

Tragen Sie ein Gummiband um Ihr Handgelenk. Wann immer Sie es sehen, halten Sie inne und achten Sie auf Ihre Gedanken. Sind Sie im negativen Denken verfangen, streifen Sie das Gummiband um das andere Handgelenk oder lassen Sie es sanft auf Ihre Haut schnipsen.

Diese physische Handlung unterbricht den Fluss des negativen Denkens.

Strategie Nr. 5: Erkennen Sie die Auslöser

Oft werden übermäßiges Grübeln und Negativität durch einen bestimmten Menschen, eine Situation oder einen physischen Zustand ausgelöst. Achten Sie auf Ihre geläufigen Sorgen und Ängste, die Sie ins Grübeln bringen.

Was geschieht, um die Grübelei zu starten?

Schreiben Sie die auslösenden Faktoren auf, damit Sie sich ihrer bewusst werden. Das bewahrt Sie davor, in den Hinterhalt der negativen Gedanken zu geraten.

Strategie Nr. 6: Lenken Sie sich ab

Durchbrechen Sie den Teufelskreis, indem Sie sich ablenken. Beschäftigen Sie sich mit etwas und geben Sie den negativen Gedanken keinen Raum. Versenken Sie sich in eine Aufgabe, die Konzentration und Geisteskraft erfordert.

Stecken Sie im Stau oder stehen Sie in der Schlange, rechnen Sie im Kopf das Einmaleins durch oder sagen Sie ein Gedicht auf.

Gewohnheit Nr. 4 zum geistigen Aufräumen: Bringen Sie Ihrem Geist neue Tricks bei

Natürlich werden Sie immer gegen negative Gedanken ankämpfen müssen. Willenskraft alleine reicht gegen Millionen Jahre Gehirnevolution nicht aus. Dr. Russ Harris meint sogar, die Suche nach dem schmerzfreien Dasein sei von vornherein aussichtslos.

Sie können jedoch den Schmerz managen, indem Sie aktiv bestimmen, was sich in Ihren Gedanken abspielt.

Das vermüllte Denken zu unterbrechen ist nur ein Teil des Prozesses, das Gehirn neu zu trainieren und sich von negativen Gedanken zu distanzieren. Der Geist fürchtet sich vor der Leere, man muss sie deshalb mit konstruktiven Gedanken füllen, damit Sie nicht in die alten Muster zurückfallen.

Es gibt vier Arten, das zu tun:

1. Fordern Sie Gedanken heraus und ersetzen Sie sie

Sie haben sicher längst gemerkt, dass viele Ihrer Gedanken extrem überspannt sind. Sie entsprechen nicht der Wahrheit, zumindest nicht der ganzen Wahrheit. Sie denken vielleicht: „Ich bin echt ein Loser – nichts gelingt mir!" In diesem Augenblick kommt es Ihnen so vor, doch wenn Sie den Gedanken unter die Lupe nehmen, stellen Sie fest, dass er nicht ganz der Wahrheit entspricht. Sie haben oft schon und zu den unterschiedlichsten Gelegenheiten etwas erfolgreich getan.

Statt dieses „Alles oder nichts"-Denken zuzulassen, fordern Sie die negativen Gedanken jedes Mal heraus, sobald sie auftreten. Das heißt, dass Sie einen solchen Gedanken mit einem konkreten Beispiel widerlegen, indem Sie sich an etwas Positives oder einen früheren „Gewinn" erinnern.

Mal angenommen, Sie sind Schriftsteller und eine Rezension verreißt Ihr jüngstes Buch. Da könnten Sie denken: „Ich kann einfach nicht schreiben – niemand findet mich gut." Dann betrachten Sie die vorangegangenen 100 positiven Besprechungen und merken schnell, dass die meisten Leser Sie sehr schätzen.

Solche positiven Erinnerungen fühlen sich zuerst seltsam an, doch Sie werden sich daran gewöhnen, den Kreis der negativen Gedanken zu durchbrechen. Diese Gewohnheit trägt dazu bei, die Kontrolle über Ihre Wirklichkeit zu übernehmen und die sabotierenden Gedanken abzustellen.

2. Lernen Sie Akzeptanz

Sie fragen sich vielleicht: „Was mache ich, wenn die negativen Gedanken zutreffen?" Anders gesagt: Wie gehen Sie damit um, wenn die negative Einstellung völlig gerechtfertigt ist?

Es wird immer Zeiten geben, in denen Sie einfach nichts Positives sehen können. Es trifft aber genauso zu, dass Ihre Gedanken und Gefühle in Bezug auf die Herausforderungen meistens schlimmer sind als die Probleme selbst.

Sie können Ihren düsteren Gedanken in schweren Zeiten nicht einfach aus dem Weg gehen, Sie können sie aber lindern, indem Sie sie akzeptieren. Wenn Sie gegen eine schlimme Lage kämpfen, fügen Sie dem Leid Ihrer Psyche nur eine weitere Schicht hinzu. Sie können sich nicht in eine Lösung hineinsorgen! Sie brauchen nämlich einen klaren Kopf und einen ruhigen Geist.

Wenn Sie kämpfen, wenn Sie grübeln, halten Sie einen Augenblick lang inne und sagen Sie: „Ich akzeptiere, dass das gerade geschieht." Dann atmen Sie tief durch und beenden Ihren mentalen Kampf. Wenn Sie diese Herausforderung annehmen, werden Sie ...

- festlegen, was Sie tun wollen, um die Lage zu verbessern oder zu berichtigen.

- alles Positive finden, was Sie aus der Lage lernen können.

- neue Methoden entdecken, wie Sie Unterstützung finden, solange Sie die Lage aushalten.

Eine Situation zu akzeptieren bedeutet nicht, nichts dagegen zu tun. Es heißt nur, nicht blind zu kämpfen und zu flüchten. Sie versetzen sich in einen Geisteszustand, der Ihnen erneut die Kontrolle gibt und sinnvolles Handeln ermöglicht.

3. Handeln Sie achtsam

Zu viel denken ist völlig sinnlos. Warum verwenden Sie diese Energie nicht für strukturiertes Nachdenken und einen Plan, den Sie dann in die Tat umsetzen?

Haben Ihre Gedanken Sie zugemüllt, dann tun Sie etwas Positives, das Sie von den negativen Gedanken ablenkt. Alles, was Geisteskraft und Konzentration erfordert, erfüllt diese Bedingung, aber wir schlagen achtsame Handlungen vor – Handlungen, die sich auf Werte konzentrieren, auf Ziele oder Prioritäten.

Das geht schnell, wenn sie Ihre Ziele festlegen (dazu mehr im nächsten Kapitel). In der Tat besteht die erste achtsame Handlung darin, die eigenen Werte und Prioritäten für das nächste Jahr zu bestimmen.

Sie könnten es auch mit Folgendem versuchen:

- schreiben,

- ein Instrument lernen,

- mit der Hand etwas bauen,

- malen oder zeichnen,

- ein komplexes Problem lösen,

- studieren,

- etwas auswendig lernen,

- eine Ansprache einüben,

- etwas aus dem Nichts entwerfen.

All diese Tätigkeiten brauchen Konzentration und fordern Sie geistig heraus. Das trägt dazu bei, nicht ins Grübeln und Sorgenmachen zurückzufallen.

4. Stellen Sie den Sorgen-Wecker

Sie werden die Gewohnheit des Sich-Sorgen-Machens nie völlig überwinden. Manchmal werden Sie derart starke negative Gedanken überfluten, dass weder Selbstgespräch noch Ablenkung helfen.

Doch selbst in diesen Zeiten müssen Sie nicht kopfüber in den Treibsand des Negativdenkens stürzen. Sie können die Zeit begrenzen, die Sie in Ihrem Kopf verbringen. Damit sinken Sie nie so tief ein, dass Sie sich nicht mehr befreien können.

Stellen Sie einen Wecker auf 10 oder 15 Minuten, um von allem gestresst zu sein, was Ihnen in den Kopf kommt. Lassen Sie alles zu! Nutzen Sie die Zeit, um all die unterdrückten Gefühle und Gedanken rauszulassen. Sie können während der „Sorgenzeit" sogar alles in eine Art Tagebuch eintragen. Schreiben Sie in Schönschrift, das hilft, die Gedanken zu ordnen, und führt oft schon zur gesuchten Lösung.

Sobald der Wecker dann klingelt, stehen Sie auf und machen etwas, das Sie ablenkt (wie bereits in einer der letzten Strategien beschrieben), um die Sorgenzeit ausklingen zu lassen. Wenn Ihnen eine Sorgensitzung nicht reicht, planen Sie eine am Morgen und eine am Nachmittag. Und wenn dann Ihr Kopf plötzlich wieder zu kreisen beginnt, denken Sie daran, dass dafür ja später während der Sitzung noch Zeit ist.

Wahrscheinlich werden Sie nicht alle diese Trainingsmethoden Ihres Geistes einsetzen, um konstruktiver arbeiten zu können. Sie bieten Ihnen aber ein Arsenal an Hilfsmitteln, und Sie sind vorbereitet. Barrie findet die Fähigkeit, Gedanken zu verändern und zu erkennen, dass sie nicht immer der Wahrheit entsprechen, besonders wirksam, wenn es darum geht, zu viel Denken und Grübeln zu verringern.

Sie werden schnell merken, welche Technik am besten für Sie und Ihren geistigen Müll geeignet ist. Lassen Sie sich nicht dadurch entmutigen, dass Sie in alte Verhaltensmuster zurückfallen. Jedes neue Verhalten muss erst eingeübt werden, bevor es sich automatisiert.

Nun gehen wir daran, Ihr „Warum" zu beleuchten – und wie dieser Vorgang die geistigen Hindernisse abbaut und Ihr Leben so formt, dass Sie sich auf das für Sie wirklich Wichtige konzentrieren können.

TEIL II
Verpflichtungen im Leben aufräumen

Von der Bedeutung der Grundwerte

Eine der Herausforderungen des modernen Lebens besteht darin, herauszufinden, was wirklich wichtig ist, und den Unterschied zu erkennen zu dem, was nur Verpflichtung ist und wichtig scheint, aber bei näherer Betrachtung die Mühe doch nicht wert ist. Wenn es Ihnen so geht wie den meisten Menschen, dann haben Sie zunehmend Schwierigkeiten, die Informationsflut regelmäßig zu verringern, zu organisieren oder zu umgehen.

Wir verfügen heute über mehr Informationen, Daten und materielle Besitztümer als jede Generation vor uns, aber für diese neue Lebensart gibt es noch keine Gebrauchsanweisung, wie damit umzugehen ist.

Viele von uns fühlen sich derart überfordert, dass wir den Schritt zurück nicht mehr schaffen, die Auswirkung der auf uns einstürzenden Informationen zu bewerten. Wir wissen auch noch nicht, wo wir Prioritäten setzen sollen. Wir reagieren nur noch auf das, was auf uns zukommt, statt selbst zu bestimmen, was gut für uns ist.

Unsere Großeltern und Urgroßeltern waren genauso geschäftig wie wir. Sie verfügten nicht über die zeitsparenden Technologien wie wir, die das Leben einfacher und effizienter machen. Sie hatten aber gegenüber unserer Generation einen großen Vorteil – sie wurden nicht von einer Flut an Informationen und einer Woge der Entscheidungen überrollt, wie wir das jede Minute des Tages erleben.

Sie wussten genau, wo sie ihre Schwerpunkte setzen mussten, denn sie hatten weniger finanzielle Mittel und weniger Entscheidungen zu treffen, die sie ablenken oder verwirren konnten. Die Generation, die in den Jahren der Weltwirtschaftskrise heranwuchs, hatte eindeutige Werte und Prioritäten, ihr Dasein hatte eine Sinnhaftigkeit, die die schwere Zeit während und nach dem Zweiten Weltkrieg prägte.

Eine starke Arbeitsmoral, gepaart mit einem Sinn für die Familie, den Glauben und den Patriotismus einte diese Generation in Amerika – und anderswo. Sie wussten genau, wer sie waren, wofür sie standen, und deshalb auch, wofür sie ihre Kraft und Zeit einsetzen sollten.

Zum Glück gibt es eine einfache Lösung, wie man das Tamtam der modernen Gesellschaft ignoriert. Sie können ganz einfach effektive Entscheidungen treffen, wenn die Masse an Möglichkeiten Sie lähmt: Bestimmen Sie Ihre Grundwerte.

Warum Grundwerte?

Am einfachsten eliminiert man mentalen Müll und findet zu einem erfüllten Leben, indem man die eigenen Werte und Leitprinzipen des Lebens festlegt. Wir brauchen solche Prinzipien jetzt mehr denn je, weil sie klären, wofür wir unsere Zeit, unsere Kraft und unser Geld verwenden.

Warum ist das so wichtig?

Ihre Grundwerte sind der Maßstab für all Ihre Entscheidungen. Sie fokussieren sich darauf, der zu sein und das zu tun, was Sie wirklich wollen. Wenn Sie in Einklang mit Ihren Werten leben, schaffen Sie sich eine glückliche Umwelt des inneren Friedens und des klaren Denkens.

Grundwerte bilden das Lebensfundament, das der Zeit, den Lebenskrisen und allen Veränderungen widersteht. Die eigenen Grundwerte anzunehmen macht Sie zu einem Baum mit tiefen und festen Wurzeln – die Stürme der Zeit werden Sie nicht ausreißen können. Wenn Sie Ihre Werte kennen, sind Sie weniger verwirrt, grüblerisch und ängstlich.

Barries Grundwerte im Arbeitsleben lauten beispielsweise Freiheit und Flexibilität. Nachdem sie diese Werte für sich bestimmt hatte, wusste sie, dass ein stinknormaler 8-Stunden-Tag nichts für sie war. Da wäre sie nie glücklich. Sie konnte daher ganz einfach absagen, als sich ihr ganz tolle Möglichkeiten am Arbeitsplatz boten. Sie kannte ihre Werte.

Für Steve Pavlina, der einen Blog über Persönlichkeitsentwicklung betreibt, liegt die Bedeutung von Grundwerten darin, dass sie wie ein Kompass fungieren, der uns jeden Tag neu auf Kurs bringt. Wir bewegen uns seiner Ansicht nach Tag für Tag auf diese Weise in die Richtung, die uns unserem „besten" Leben immer näher und näher bringt. Das „beste", so meint er, sei unser eigenes Ideal. Und indem Sie sich diesem Ideal immer weiter annäherten, genössen Sie bereits ein „besseres" Leben – und das lange, bevor Sie das „beste" erreicht hätten. Das stimme allein deshalb, weil sich die Ergebnisse des Lebens in einem Kontinuum befänden.

Leben Sie nicht in Einklang mit Ihren Werten oder wachsen aus Ihren derzeitigen Werten heraus, kommen Sie vom Kurs ab. Das führt zu Ängsten und Depressionen. Wenn Sie keine Werte bestimmt haben, fühlen Sie sich unausgeglichen, ziellos, und wissen nicht einmal, warum.

Im Folgenden besprechen wir vier Methoden, wie Sie Ihre Grundwerte bestimmen und vernünftige Entscheidungen zu den Verpflichtungen des Lebens treffen können. Dann stimmt das, was Sie tagtäglich tun, damit überein.

Strategie Nr. 1: Bestimmen Sie Ihre Grundwerte

Wenn Sie verstehen wollen, warum etwas für Sie falsch ist, müssen Sie sehr genau wissen, was für Sie richtig ist.

Wer wollen Sie sein, wie wollen Sie leben?

Wenn Sie noch nie über Ihre Werte nachgedacht haben, durchqueren Sie den Ozean des Daseins ohne Kompass. Sie lassen zu, dass willkürliche Winde und Stürme Ihren Kurs bestimmen und akzeptieren die Ergebnisse ohne Hinterfragen. Selbst wenn Sie früher bereits über Ihre Werte nachgedacht haben, kann es kaum schaden, es noch einmal zu tun. manchmal verändern sich Werte.

Sie legen Ihre Werte in sechs Schritten fest:

1. Zuerst betrachten Sie sich die Liste von Werten am Ende dieses Buchs und notieren sich jedes Wort, das sie anspricht und das für Sie persönlich von Bedeutung erscheint (Seite 140 ff.).

2. Dann betrachten Sie sich die Liste erneut und notieren jedes Wort, das für Ihre Karriere oder Ihren Beruf wichtig erscheint.

3. Suchen Sie auf beiden Listen die oberen fünf Begriffe heraus und schreiben Sie diese auf zwei neue Blätter Papier. Schreiben Sie auf das eine: „Lebens-Werte", auf das andere „Arbeits-Werte".

4. Unter jeden Wert schreiben Sie, wie stark Sie derzeit in oder außer Einklang mit ihm leben. Lautet einer Ihrer Werte zum Beispiel „Qualitätszeit mit der Familie", Sie sind aber fünf Tage die Woche unterwegs, dann werden Sie diesem Wert wohl kaum gerecht.

5. Überlegen Sie sich für jeden Wert Maßnahmen, mit denen Sie die Disharmonie bereinigen könnten. Stellen Sie sich die Frage: „Was kann ich in dieser Situation tun, um meinen Grundwerten gerecht zu werden?"

   Nehmen wir beispielsweise die Familienzeit. Könnte es eine Maßname sein, weniger zu reisen oder im Haushalt jemanden zu beschäftigen, damit Sie zu Hause mehr Zeit für die Familie haben? Schreiben Sie diese Lösungen auf beide Listen, selbst wenn Sie derzeit eher unrealistisch scheinen.

6. Auf beiden Listen zeichnen Sie ein x vor all die Sachen, die Sie jetzt oder in naher Zukunft erledigen können. Unterteilen Sie jede Maßnahme in kleinere Schritte, die leicht zu handhaben sind. Dazu könnte zum Beispiel gehören: Besuche oder Anrufe machen, den Terminkalender überprüfen, einige Verantwortung delegieren, über die Zukunft der beruflichen Laufbahn nachdenken, über Möglichkeiten nachdenken, was Sie mit Ihrem Partner/Ihrer Partnerin unternehmen könnten, etc.

Haben Sie die Liste der Werte erstellt, die mit Ihren Zielen übereinstimmt, betrachten Sie diese jeden Tag und prüfen Sie, ob Ihre Maßnahmen dem gewünschten Ergebnis entsprechen. Sie werden sich vielleicht zuerst auf die persönlichen Werte beschränken und erst danach auf die Werte am Arbeitsplatz. Oder Sie nehmen einen Wert von jeder Liste und fangen damit an.

Aber ganz gleich, womit Sie anfangen – beginnen Sie auf jeden Fall mit dem Lebensbereich, in dem Sie die größte Diskrepanz empfinden. Das ist vermutlich auch der Bereich, der Sie am meisten schmerzt und geistig aufwühlt. Lesen Sie die Liste der Maßnahmen jeden Tag, damit Sie Veränderungen vornehmen und Grenzen verschieben können, damit Sie nicht unachtsam erneut von Ihren Werten abkommen.

Selbst kleine, schrittweise Veränderungen erzeugen eine starke und positive Umstellung in Ihrer Einstellung. Sie haben plötzlich eine Zielgerichtetheit und einen Lebenszweck. Das fühlt sich authentisch an, selbst wenn Sie nicht alles sofort umsetzen.

Es ist ein unfassbar aufbauendes Gefühl!

Sie erleben nach wie vor Zeiten des Übergangs und der Unruhe, aber die Übung mit den Werten gibt Ihnen die Hilfsmittel an die Hand, mit denen Sie durch alle Aufs und Abs navigieren können.

Strategie Nr. 2: Klären Sie die Prioritäten in Ihrem Leben

Haben Sie erst einmal Ihre Grundwerte bestimmt, sollten Sie diese Informationen für eine weitere Übung nutzen, die Ihr Leben bereichern wird: Klären Sie die Prioritäten in Ihrem Leben, um genau zu wissen, in was Sie Ihre Zeit, Ihre Kraft und Ihr Geld investieren wollen.

Wenn Sie Ihre Prioritäten nicht kennen, bestimmen die Lebensumstände Ihre Handlungen und Entscheidungen. Auf eine eingehende E-Mail antworten Sie sofort. Etwas wird auf Facebook angeboten, Sie kaufen es. Jemand unterbricht Sie bei der Arbeit, Sie lassen es zu. Kennen Sie das zugrundeliegende „Warum" Ihres Lebens nicht, gibt es keine Regeln, keine Grenzen, keine Prioritäten, die Ihnen helfen.

Die nächste von uns empfohlene Übung hilft Ihnen herauszufinden, wofür Sie derzeit Ihre Zeit, Ihre Kraft und Ihr Geld einsetzen.

Beantworten Sie die folgenden Fragen so ehrlich wie möglich und legen Sie sich Ihre Liste der persönlichen und beruflichen Grundwerte bereit.

- Wie viel Zeit pro Tag vergeuden Sie mit Aktivitäten, die nichts mit Ihren Grundwerten zu tun haben (zum Beispiel im Internet surfen, schwachsinnige Fernsehsendungen sehen, einkaufen oder einen verhassten Beruf ausüben)?

- Wie geben Sie Ihr Geld unbewusst aus?

- Wie interagieren Sie unbewusst mit Menschen, die Ihnen am Herzen liegen?

- Wie treffen Sie Entscheidungen zur beruflichen Laufbahn? Haben Sie beispielsweise einen Plan oder reagieren Sie bloß auf die Umstände?

- Wie viel Zeit verbringen Sie damit, sich zu überlegen, wie Sie Zeit und Geld am besten einsetzen?

- Welche Aufgaben, Verpflichtungen und Beziehungen lassen Sie unbewusst in Ihrem Leben zu?

- Wie vernachlässigen Sie dabei andere wichtige Lebensbereiche, für die dann nie genug Zeit bleibt?

Nachdem Sie erkannt haben, worauf Sie tatsächlich Ihre Kraft verwenden, wollen wir die ideale Methode festlegen, Prioritäten in wichtigen Lebensbereichen zu setzen.

Lassen Sie uns dafür sieben bedeutende Lebensbereiche betrachten, damit Sie Ihre Prioritäten bestimmen können und wie Sie Ihre Zeit und Ihr Geld einsetzen wollen.

Wenn Sie in folgenden Bereichen etwas verändern wollen – nur zu! Vielleicht treffen manche auf Sie gar nicht zu.

Die Bereiche sind:

1. Kariere

2. Familie

3. Ehe (oder Beziehung)

4. Spirituelles/persönliches Wachstum/Selbsthilfe

5. Freizeit/Gesellschaft

6. Lebensführung (zum Beispiel im Haus, bei den Finanzen etc.)

7. Gesundheit und Fitness

Wenn Sie acht Stunden am Tag schlafen, bleiben 16 Stunden für die Arbeit. Ziehen wir zwei Stunden täglich für die persönliche Hygiene und die Nahrungsaufnahme ab. Es bleiben 14 Wachstunden, das macht 98 Stunden pro Woche. Um es einfach zu machen, runden wir auf 100 Wochenstunden auf.

Welchen Stellenwert würden Sie den sieben Schlüsselbereichen in einer idealen Welt geben? Wie viele der 100 Wochenstunden würden Sie sich am liebsten mit einem der sieben Bereiche beschäftigen? Nehmen Sie Ihre Grundwerte zur Hand, das wird Ihnen helfen.

Zwei Beispiele ...

Barries derzeitige Lebensschwerpunkte sind ihre Karriere, ihre Beziehung und die Lebensführung. Ihre Kinder sind bereits erwachsen, und weil sie gerade umgezogen ist, leben weder ihre Freunde noch ihre Familie in der Nähe.

Im Idealfall hätte sie gerne mehr Zeit für Freizeit und gesellschaftliche Aktivitäten, und ebenso für Fitness und Selbsterfahrung. Sie versucht, sich stärker auf diese Dinge zu konzentrieren, sobald sie sich an ihre neue Umgebung akklimatisiert hat.

Steves derzeitiger Lebensschwerpunkt ist die Familie. Er hat kürzlich geheiratet, sein Sohn wurde geboren und seine Eltern sind gerade 70 geworden. Er will zurzeit möglichst viel Zeit mit den Menschen verbringen, die er am meisten liebt.

Vor ein paar Jahren standen seine Karriere (sein Online-Geschäft) und Fitness im Mittelpunkt, heute bedeutet ihm beides weniger als die persönlichen Beziehungen. Das meint, dass man oft das „loslassen" muss, was eben noch das Wichtigste auf der Welt schien. Steve schuftet nach wie vor gern, aber er hat gelernt, dass es nicht wichtig ist, wenn er ein bestimmtes Ziel im Beruf oder bei seiner Fitness nicht erreicht.

Wir haben hier die beiden Autoren als Beispiele gewählt. Um Ihnen zu helfen, Ihre Prioritäten festzulegen, empfehlen wir die Beantwortung der folgenden einfachen Fragen:

1. Inwieweit unterscheidet sich Ihr derzeitiger Lebensschwerpunkt von Ihrem Ideal?

2. Was müssten Sie tun, um Ihren Schwerpunkt auf das zu verlegen, was Ihnen wirklich wichtig ist?

Wir empfehlen, mit dem Schwerpunkt zu beginnen, der Ihr Leben am drastischsten verbessern wird oder bei dem Sie am meisten aus dem Gleichgewicht sind. Vermutlich haben Sie in diesem Bereich die meisten Werte aus den Augen verloren.

Ihr Grundwert bezieht sich zum Beispiel auf die Familie und einer Ihrer Lebensschwerpunkte hebt auf mehr Zeit mit der Familie ab. Beginnen Sie klein, etwa mit dem festen Entschluss, jede Woche eine Stunde mehr Qualitätszeit mit Ihren Liebsten zu verbringen.

Natürlich geht das auf Kosten von etwas anderem, aber das ist oft gar nicht schlimm – denn das andere hat kaum dieselbe Priorität.

Geben Sie Ihrem Lebensschwerpunkt jede Woche etwas mehr Zeit, bis alles viel mehr Ihrem Ideal entspricht.

Es fällt nicht immer leicht, Prioritäten zu verändern. Wie wirkt es sich auf Ihre Arbeit aus, wenn Sie mehr Zeit mit Ihrer Familie verbringen wollen? Wie kommen Sie mit den Konsequenzen klar?

Wenn Sie sich stärker auf Gesundheit und Fitness konzentrieren wollen, müssen Sie neue und herausfordernde Gewohnheiten schaffen, um an dieser Priorität festzuhalten.

Wenn Sie sich eine glückliche und gesunde Ehe wünschen, müssen Sie auf Zeit vor dem Fernseher oder dem Computer verzichten. Anfänglich fällt das sicher schwer.

Es reicht also nicht, die Prioritäten im Leben neu festzulegen. Sie müssen selbst aktiv werden, um all die gewünschten Veränderungen im Leben vorzunehmen, auch wenn das anfangs schwerfällt. Je näher Sie Ihrer Idealvorstellung kommen, desto geringer wird der innere Widerstreit, den Sie spüren.

Im Laufe der Zeit vermissen sie die alten Gewohnheiten und Rituale gar nicht mehr – Ihr Leben ist stärker im Fluss, weil sie nun authentisch leben und Ihren Werten und Prioritäten treu bleiben.

Übung Nr. 3a: Konzentration auf die Zielsetzung

Hat man Werte und legt Prioritäten fest, folgt daraus ganz natürlich die Überlegung, wie man sie ab jetzt im Leben umsetzt. Sorgen um die Zukunft tragen zwar zu einem unruhigen Geist bei, die Zukunft zu planen ist jedoch eine wichtige und wertvolle Übung, die die Bühne für die wahre Zufriedenheit im künftigen Leben bereitet.

Geht das denn — sich auf ein besseres, künftiges Leben zu freuen und dennoch zufrieden zu sein mit dem derzeitigen? Kann man gleichzeitig zufrieden sein und sich weiterentwickeln? Wir sind der Überzeugung, dass man sich auf die Zukunft konzentrieren und gleichzeitig lernen kann, den gegenwärtigen Augenblick zu genießen.

Viele große Schriftsteller und Philosophen beschreiben die Zufriedenheit mit dem gegenwärtigen Augenblick. Der renommierte Psychologe Abraham Maslow erklärt, „die Fähigkeit des Verweilens im Hier und Jetzt ist einer der Hauptfaktoren der geistigen Gesundheit".

Der Mönch Thích Nhat Hanh, ein Zen-Buddhist und Bestsellerautor, lehrt, dass wir jeden Augenblick unseres Lebens, jeden Atemzug, jeden Schritt als einen Augenblick der freudvollen Ankunft bewusst erleben sollten.

Er meint, wir müssten nicht auf den Wandel warten, auf bessere Zeiten, auf die Zukunft, um zufrieden zu sein. Man kann sofort zufrieden sein, wenn man bereit ist, all das Schöne und Gute wahrzunehmen, was uns im gegenwärtigen Augenblick umgibt.

Doch das sagt sich viel leichter, als es getan ist.

Die tatsächlichen Gegebenheiten unseres Alltags ziehen uns beständig in Richtung Zukunft. Wir machen uns Sorgen, wie wir die Rechnungen bezahlen sollen, was aus unseren Kindern wird, ob wir gesund bleiben. Und natürlich ist die Zielsetzung von Natur aus in die Zukunft gerichtet.

Sehnt man sich oder kämpft gegen das, „was ist", verursacht das Leid. Will man immer mehr, etwas anderes, etwas Besseres, geht das auf Kosten der gegenwärtigen Zufriedenheit. Es raubt uns Leben.

Wenn das so ist, warum sollten Sie sich dann auf künftige Ziele konzentrieren, wenn diese Sie vom Hier und Jetzt ablenken?

Weil Sie Veränderungen und Transformation nicht aus dem Weg gehen können, ob Sie sich darauf konzentrieren oder nicht.

Der Wandel ist das einzig Beständige im Leben, ob wir uns nun im Lotossitz in den gegenwärtigen Augenblick versenken oder uns wegen einer nur vorgestellten Zukunft die Haare raufen. Warum sollten wir also nicht achtsam eine Zukunft erschaffen?

Nehmen Sie die Wahrheit an, dass sich Zufriedenheit und Veränderung zur selben Zeit ereignen können, mindern Sie die Reibung, die entsteht, wenn Sie nur an „entweder/oder" denken. Man kann den Ausgleich zwischen Achtsamkeit und Selbstschöpfung finden.

Sie können den Prozess des Zielsetzens und -erreichens als Ort des Glücks und der Zufriedenheit verstehen. Statt mit dem Glücklichsein zu warten, bis Sie etwas erreicht haben, erfreuen Sie sich an jedem einzelnen Schritt auf dem Weg. Jede kleine Handlung, die Sie Ihrem Ziel näherbringt, sollten Sie genießen und feiern.

Da wir wissen, dass das Setzen von Zielen dem Prinzip der Achtsamkeit nicht widerspricht, wollen wir nun darüber reden, wie man ein Ziel formuliert und auf es hinarbeitet – und zwar so, dass es das große „Warum" in Ihrem Leben unterstützt.

Wenn Sie sich zum ersten Mal hinsetzen und über Ziele in der Zukunft nachdenken, halten Sie Ihre Grundwerte und Lebensschwerpunkte parat. Solange Ihre Werte und Prioritäten noch gelten, sind sie der Kompass für die Ausrichtung Ihrer Ziele. Sonst erwartet Sie eine unglückliche und frustige Zukunft.

Auf der nächsten Seite erklären wir den Prozess, mit dem Steve sich einfache Ziele setzt, die auf das wirklich Wichtige ausgerichtet sind. Der Nutzen dieser Strategie liegt darin, sich in Zukunft weniger gestresst zu fühlen, indem man sich auf sein jetziges Leben konzentriert.

Methode Nr. 3b: *Setzen Sie sich dreimonatliche S.M.A.R.T.-Ziele*

Am einfachsten konzentrieren Sie sich auf das, was wirklich wichtig ist im Leben, indem sie sich S.M.A.R.T.-Ziele setzen, die Sie in naher Zukunft erreichen wollen. Das bedeutet, dass Sie sich nur für ein Vierteljahr Ziele setzen und nicht für ein ganzes Kalenderjahr, weil solche langfristigen Ziele Sie aus dem gegenwärtigen Augenblick herausholen.

Zuerst definieren wir, was diese S.M.A.R.T.-Ziele sind:

Das Akronym wurde zuerst in der Novemberausgabe 1981 der „Management Review" von George Doran benutzt. Die auch im Deutschen gebräuchliche Abkürzung steht für Specific, Measurable, Attainable, Relevant und Time-bound.

Und so geht es:

S: Specific (spezifisch)

Aus der Beantwortung von sechs W-Fragen: wer, was, wo, wann, welche und warum ergeben sich die spezifischen Ziele.

Haben Sie jedes Element bestimmt, wissen Sie, welche Hilfsmittel (und Maßnahmen) nötig sind, um das Ziel zu erreichen.

- Wer: Um wen geht es?

- Was: Was wollen Sie erreichen?

- Wo: Wo werden Sie Ihr Ziel erreichen?

- Wann: Wann wollen Sie das tun?

- Welche: Welche Anforderungen und Hindernisse könnten Ihnen im Weg sein?

- Warum: Warum tun Sie es?

Das Spezifische ist deshalb von Bedeutung, weil Sie, wenn Sie die gesetzten Marken (Datum, Ort und Zweck) erreichen, wissen, dass Sie Ihr Ziel erfüllt haben.

M: Measurable (messbar)

Messbare Ziele definieren sich durch präzise Angaben – Daten, Mengen oder andere Einheiten –, insbesondere alles, was den Fortschritt des Erfolgs messbar macht.

Indem man solche messbaren Ziele setzt, kann man leicht feststellen, wie weit man auf dem Weg von A nach B bereits gekommen ist. Messbare Ziele machen es auch einfacher, festzustellen, ob man in der richtigen Richtung unterwegs ist oder nicht. Man kann sagen, dass die Definition eines messbaren Ziels Fragen beantwortet, die mit „wie" beginnen – wie viel, wie schnell usw.

A: Attainable (erreichbar)

Erreichbare Ziele erweitern Ihre Vorstellung vom Möglichen. Sie sind zwar nicht per se unmöglich, aber doch voller Hindernisse und Herausforderungen. Der Schlüssel zu den erreichbaren Zielen ist ein Blick auf das derzeitige Leben mit einer Zielsetzung, die gerade außerhalb des Erreichbaren liegt. Sollten Sie Ihr Ziel nicht erreichen, haben Sie dennoch etwas Bedeutsames geleistet.

R: Relevant (relevant)

Relevante Ziele konzentrieren sich auf das, was Sie wirklich wollen, fast herbeisehnen. Sie sind das genaue Gegenteil unpräziser und willkürlicher Ziele. Sie befinden sich in Einklang mit allem, was wichtig ist in Ihrem Leben, vom beruflichen Erfolg bis zum Glück mit Ihren Liebsten.

T: Time-bound (terminiert)

Terminierte Ziele haben ein fixes Datum. Bis zu einem bestimmten Zeitpunkt müssen Sie das geplante Ergebnis erreicht haben. Diese Time-bound-Ziele sind eine Herausforderung und erden ganz schön. Man kann sie auf heute terminieren oder auf eine Deadline in ein paar Monaten, in ein paar Wochen oder in ein paar Jahren. Der Schlüssel liegt darin, eine Deadline zu setzen, von der man rückwärts arbeitet, indem man Gewohnheiten entwickelt (dazu später mehr).

S.M.A.R.T.-Ziele sind eindeutig definiert. Bezüglich des gewünschten Ergebnisses gibt es keine Zweifel. Ist der Termin erreicht, wissen Sie, ob Sie das Ziel erreicht haben oder nicht.

Beispielhaft nennen wir S.M.A.R.T.-Ziele aus allen sieben bereits erwähnten Lebensbereichen:

1. Karriere: „Ich akquiriere fünf neue Projekte für meine Webdesign-Firma durch Empfehlungen, Networking und Marketing in den sozialen Medien innerhalb der nächsten beiden Monate."

2. Familie: „Ich stärke meine Verbindung zu meiner Familie, indem ich mindestens einmal alle sechs Monate mit ihr in Kurzurlaub gehe. Dafür nehme ich mir jeden Monat eine Stunde Zeit, in der ich diese Kurztrips plane."

3. Ehe (oder Beziehung): „Ich finde drei Sachen, die ich an meinem Partner wirklich liebe, und nenne sie ihm/ihr am Freitagabend. Das tue ich, indem ich mir am Dienstag eine halbe Stunde Zeit nehme, damit ich an all das Schöne denken kann, das wir gemeinsam erlebt haben."

4. Spirituelles/persönliches Wachstum/Selbsthilfe: „Ich nehme mir jeden Tag fünf Minuten Zeit, um mich für all das Gute in meinem Leben zu bedanken. Ich entwickle diese Gewohnheit, indem ich mir vor jedem Mittagessen Zeit nehme, um mir das bewusst zu machen, was wirklich wichtig ist."

5. Freizeit/Gesellschaft: „Ich widme mich an drei Stunden jede Woche dem Malen von Aquarellen. Das schaffe ich, indem ich auf unwichtige Gewohnheiten wie fernsehen verzichte."

6. Lebensführung: „Ich spare zehn Prozent von jeder Gehaltsüberweisung für meine private Altersvorsorge."

7. Gesundheit und Fitness: „Ich werde bis zum 31. Dezember mindestens eine halbe Stunde täglich Sport machen, und zwar an drei Tagen die Woche."

Hoffentlich geben Ihnen diese sieben Beispiele eine Vorstellung davon, wie Sie S.M.A.R.T.-Ziele formulieren, die zu einem ausgeglichenen Leben führen. Betrachten wir nun die sechs Schritte, die aus diesen Informationen Taten machen.

Schritt Nr. 1: Finden Sie heraus, was Ihnen wichtig ist

Wenn Sie ein sinnvolles Ziel erreichen wollen, sollten Sie sich nicht auf alle Lebensbereiche fokussieren. Dafür gibt es einen einfachen Grund: Wenn das, was Sie tun, bedeutungsvoll sein soll, dann überfordert es Sie rasch, sich auf zu viel zu fixieren. Ja, es ist wichtig, nach vorn zu schauen, aber Sie brauchen auch ausreichend Zeit, um im gegenwärtigen Augenblick zu leben.

Wir raten dazu, sich auf drei oder vier Lebensbereiche zu beschränken. Das machen Sie, indem Sie die angesprochenen sieben Bereiche betrachten und feststellen, welche davon für Sie derzeit am wichtigsten sind. Und dann setzen Sie sich Ziele, deren Ergebnis für Sie sowohl herausfordernd als auch aufregend sein wird.

Schritt Nr. 2: Konzentrieren Sie sich auf Vierteljahresziele

Steve hat die Erfahrung gemacht, dass er längerfristige Ziele stets vor sich herschiebt. Was eben noch dringend wirkte, ist im nächsten Monat längst ein alter Hut. Er geht deshalb so vor, dass er die Hauptschwerpunkte seines Lebens in Vierteljahresziele unterteilt.

Warum dieser Fokus auf Vierteljahresziele?

Ihr Leben läuft schnell und verändert sich ständig. Um mit all diesen Veränderungen Schritt zu halten, eignen sich kurzfristige Ziele häufig besser, weil sie beständige Anstrengungen und einen hohen Motivationsgrad erfordern.

Steve hat auch gemerkt, dass langfristige Ziele (für ihn alles über sechs Monate) häufig demotivieren. Weiß man, dass das Ergebnis noch Monate auf sich warten lässt, schiebt man den Zeitpunkt, an dem man aktiv werden könnte, gern auf die lange Bank. Sie zögern, sagen sich, Sie würden nächste Woche anfangen. Und dann ist schon wieder ein Jahr vorbei und Sie haben immer noch nichts erreicht.

Um es möglichst einfach zu machen, raten wir Ihnen dazu, die drei oder vier Lebensbereiche zu benennen, die Ihnen gerade jetzt am wichtigsten sind, und sich dann für jeden ein spezifisches S.M.A.R.T.-Ziel zu setzen, das Sie innerhalb der nächsten drei Monate erreichen wollen.

Schritt Nr. 3: Betrachten Sie jede Woche, um einen Zeitplan zu erstellen

Es fällt nicht immer leicht, beständig auf seine Ziele hinzuarbeiten, schließlich haben Sie auch noch andere Aufgaben. Diese Zwickmühle lässt sich zum Glück leicht lösen: Blicken Sie jede Woche einmal voraus, um einen Zeitplan für die nächsten sieben Tage zu erstellen.

Die Wochenvorschau ist eine tolle Idee, die David Allen in „Wie ich die Dinge geregelt kriege: Selbstmanagement für den Alltag" erläutert. Es ist ganz einfach: Einmal pro Woche (Steve macht es am Sonntag) betrachtet man die nächsten sieben Tage und plant alles, was man in dieser Zeit erledigen will.

Das geht in drei einfachen Schritten:

1. **Beantworten Sie drei Fragen**: Denken Sie genau über die nächsten sieben Tage nach und beantworten Sie folgende drei Fragen: Welche Aufgaben habe ich? Welchen räume ich die höchste Priorität ein? Wie viel Zeit habe ich?

   Ihre Antworten auf diese Fragen sind äußerst wichtig, denn ihnen entsprechend legen Sie die Zeit fest, die Sie Ihren Aufgaben in der nächsten Woche widmen werden.

   Sie müssen begreifen, dass Sie Ihren Zeitplan nicht mit hunderten Tätigkeiten vollstopfen dürfen. Das führt schnurstracks auf ein zugemülltes Leben hin. Es ist besser, im Vorfeld eine realistische Zeitspanne festzulegen, die Sie einem wichtigen Ziel widmen werden.

2. **Erstellen Sie einen Zeitplan für Ihre Aufgaben:** Nachdem Sie die drei Fragen beantwortet haben, erstellen Sie eine „Karte" der nächsten sieben Tage. Am einfachsten geht das, indem Sie sich auf der Liste Ihre Ziele ansehen und für die wichtigsten davon eine bestimmte Zeit einplanen.

3. **Verarbeiten Sie Ihre Ideen:** Geht es Ihnen wie Barrie und Steve, haben Sie jede Woche Dutzende toller Ideen, die mit Ihren Zielen zusammenhängen? Die Frage lautet: Wie setzt man sie um? Ich rate, diese Notizen so zu bearbeiten, dass Sie immer eine von zwei Entscheidungen fällen: 1) Sofort handeln oder 2) einen Termin festlegen, an dem Sie das erledigen werden. Und so funktioniert es:

- Lässt sich die Idee umsetzen ..., erstellen Sie einen Schritt-für-Schritt-Plan, wie Sie die Sache angehen. Notieren Sie sich die Arbeitsschritte, die Sie wegen dieser Idee unternehmen, und planen Sie für jeden im Laufe der Woche einen bestimmten Termin.

- Lässt sich die Idee derzeit nicht umsetzen ..., legen Sie sie in einen Aktenordner, den Sie jeden Monat einmal durchgehen. Mit diesem Wiedervorlagesystem wird Ihnen keine Ihrer Ideen verloren gehen, wenn die Zeit reif ist.

Die Wochenvorschau ist zum Erreichen Ihrer Ziele wichtig. Wenn Sie jede Woche planen, erzeugen Sie ein Gefühl der Dringlichkeit, aus dem heraus Sie Ihre Ziele eher angehen. Die Wochenvorschau hilft dabei, einen Wochenplan zu erstellen, der dann in eine Liste täglicher Aktivitäten umgesetzt wird.

Schritt Nr. 4: Tun Sie etwas für Ihre Ziele

Sie erreichen keines Ihrer Ziele, ohne aktiv zu werden. Wenn Sie erreichen wollen, was Sie haben möchten, dann müssen Sie jede Woche Zeit einplanen, die nur dem Erreichen Ihrer Ziele dient. Wir raten daher zu Folgendem:

- **Machen Sie aus Ihrem Ziel ein Projekt:** Das geht am einfachsten, wenn Sie Ihre Deadline im Auge behalten und von dort rückwärts arbeiten. Visualisieren Sie das Erreichen dieser Ziellinie. Welche Schritte haben Sie unternommen, um so weit zu kommen? Nachdem Sie die einzelnen Schritte ausgemacht haben, erstellen Sie eine einfache Schritt-für-Schritt-Liste.

- **Planen Sie feste Zeiten für Ihre Ziele ein:** Wie viel Zeit Sie auf jedes Ziel verwenden, hängt davon ab, wie lange jeder Schritt braucht. Einige Aufgaben benötigen vielleicht nur ein paar Minuten pro Woche, andere mehrere Stunden am Tag (deswegen müssen Sie genau wissen, wie viel Zeit jedes Ziel in Anspruch nimmt). Berechnen Sie, wie viel Zeit Sie für jede Aufgabe aufbringen müssen, und planen Sie diese fest im Wochenplan ein.

- **Machen Sie die Ziele zu Schwerpunktaufgaben:** Wir alle haben unsere Zeit durchgeplant, und manche Termine prallen auf andere. Gibt es eine Lösung? Arbeiten Sie an jedem Morgen, oder dann, wenn Sie sich am vitalsten fühlen, an Ihren Zielen.

- **Planen Sie feste Zeiten für bestimmte Handlungen ein:** Viele Leute erschöpfen sich in den einzelnen Handlungen, die zwar wichtig, aber nicht wirklich dringend sind. Das lässt sich schnell abstellen, wenn Sie sich für jede Woche eine bestimmte Zahl von Aktionen vornehmen.

Steve verwendet dafür die ToDoist-App. Immer, wenn er sich ein Vierteljahresziel setzt, erstellt er ein Projekt auf ToDoist. Dort trägt er alle Schritte ein, die nötig sind, um es zu erreichen. dann überträgt er bestimmte Maßnahmen in seinen Wochenkalender.

Schritt Nr. 5: Überprüfen Sie Ihre Ziele

Um überhaupt etwas zu erreichen, braucht es Beharrlichkeit. Deshalb sollten Sie sich täglich Ihr Projekt anschauen, um sicher zu sein, dass sie keine Deadline verpassen. Wir raten dazu, für jeden Schritt ein spezifisches Maß festzulegen und dann jede Woche zu überprüfen, ob es eingehalten wurde.

Sich jeden Tag die Zeit für diese Überprüfung zu nehmen, ist der Schlüssel zum Erreichen eines Ziels. Ganz egal, wie viel Sie zu tun haben – wenn Sie Ihre Ziele nicht jeden Tag überprüfen, ist Ihnen der Erfolg weniger sicher.

Das Leben kann einem bei der Verfolgung eines langfristigen Ziels schon einmal ein Bein stellen. Dann wird die Herausforderung zum Frust, das Ziel scheint gar nicht mehr so aufregend zu sein. Wir haben einen einfachen Rat: Überprüfen Sie Ihre Ziele mindestens zwei- bis dreimal am Tag. So sind diese immer präsent, und Sie erinnern sich daran, warum Sie jeden Tag etwas Bestimmtes tun.

Schritt Nr. 6: Bewerten Sie Ihre Vierteljahresziele

Jeden Tag schuften Sie für Ihre Ziele. Sie überprüfen sie sogar jede Woche und jeden Tag. Wo liegt das Problem? Manche Menschen gehen nie einen Schritt zurück und betrachten das „Warum" hinter jedem Ziel. Anders gesagt: Die Leute prüfen nie, ob das Ziel tatsächlich die Mühe lohnt. Deshalb müssen wir unsere Ziele alle drei Monate bewerten, um herauszufinden, ob sie noch mit unserem Lebensplan übereinstimmen. Sie können sich neue Ziele setzen, die dem entsprechen, was sie mittlerweile gelernt haben.

Diese Bewertung nehmen Sie anhand folgender Fragen vor:

- Habe ich erreicht, was ich wollte?

- Welche Methoden hatten Erfolg, welche nicht?

- Habe ich zum Erreichen meiner Ziele wirklich 100 Prozent gegeben? Wenn nicht – warum nicht?

- Entsprechen die Ergebnisse dem Aufwand?

- Sollte ich mir im nächsten Vierteljahr ein ähnliches Ziel setzen?

- Welche Ziel streiche ich, welche ändere ich?

- Sollte ich etwas Neues probieren?

Selbst wenn eine solche Bilanz ein paar Stunden dauert, sollten Sie sie alle Vierteljahre durchführen. Das stellt sicher, dass Sie keine Zeit auf ein Ziel verschwenden, das nicht im Einklang mit Ihren langfristigen Plänen steht.

So, das war unsere kurze Einführung in das Setzen von S.M.A.R.T.-Zielen. Um ganz sicher zu sein, dass Sie sich nur Ziele setzen, die Sie wirklich haben wollen, verknüpfen Sie sie mit Ihrer persönlichen Berufung. Bei der nächsten (und letzten) Technik zeigen wir Ihnen, wie das geht.

Strategie Nr. 4: Verknüpfen Sie Ziele mit Ihrer Berufung

Zu viele leben ein Leben der stillen Verzweiflung. Sie erwachen mit einem Grundlevel an Furcht, sie sind voller Ängste oder Trauer. Bei der Arbeit fühlen sie sich unterfordert, wenig wertgeschätzt, ihre Erwartungen werden immer untertroffen. Nach Feierabend fühlen sie sich mental und körperlich ausgelaugt, sie haben gerade noch die Kraft, für die Kinder zu sorgen und dann auf die Couch zu fallen, um sich vom Fernseher berieseln zu lassen. Dann wachen sie auf und das Ganze geht von vorn los.

Selbst wenn das auf Sie nicht zutrifft – eine Alarmglocke schrillt doch, oder? Wir alle fahren uns hin und wieder fest. Wir sind mit weniger zufrieden, als wir eigentlich wollen. Am Arbeitsplatz machen wir nur noch Dienst nach Vorschrift, weil die Arbeit uns nichts gibt. Und all diese Ängste verstärken den mentalen Müll und die Fahrigkeit.

Das Leben frisst uns auf. Bevor wir uns versehen, sind wir auf einem Weg, der nichts mehr mit uns oder mit unseren Wünschen zu tun hat. Und wenn wir uns dessen bewusst werden, stecken wir so tief in Verpflichtungen und Verantwortungen, dass wir einen weiteren Grund haben, im gegenwärtigen Zustand zu verharren – auch wenn wir ihn kaum noch ertragen.

Die Vorstellung, die eigene Berufung zu entdecken, klingt wie ein schaler Postkartenspruch. Dennoch ist es von größter Wichtigkeit, Ihren Alltag mit den Zielen zu verknüpfen, die für Sie von besonderer Bedeutung sind.

Tatsächlich kann es Ihre geistige Gesundheit angreifen, wenn Sie mit Ihrer Arbeit unzufrieden sind. Bedenken Sie, wie viel negative mentale Energie Sie für einen schlechten Chef, einen verhassten Job oder eine Karriereentscheidung verwenden, die Sie gern rückgängig machen würden. Wir verbringen einen großen Teil unseres Lebens bei der Arbeit, jede Entscheidung bezüglich unseres Arbeitsplatzes wirkt sich demnach auf unser Grundglücklichsein aus.

Wenn Sie Arbeit finden, die Sie lieben, befreien Sie Ihren Geist nicht nur von bedrückenden Gedanken, sondern das vitalisiert Sie auch in allen anderen Lebensbereichen.

Was bedeutet es also, mit seiner Berufung zu leben?

Das lässt sich anhand weniger Beispielen verdeutlichen:

- Sie wachen an den meisten Tagen voller Enthusiasmus und glücklich auf und freuen sich auf das, was Sie tun werden.

- Sie sind genau am „richtigen Platz": Wie Sie leben oder arbeiten fühlt sich echt an.

- Sie ziehen im Leben und in der Arbeit Gleichgesinnte an.

- Sie haben das Selbstvertrauen und das Sagen bei allem, was Sie tun, denn es passt genau zu Ihnen.

- Sie spüren einen tiefen Lebenszweck, eine Sinnhaftigkeit – oder fühlen sich zumindest erfüllter.

- Generell werden Ihr Leben besser und Ihre Beziehungen glücklicher, weil Sie zufriedener, zielgerichteter und gegenwärtiger in Ihrer Arbeit sind.

Ihre Berufung zu entdecken und sie in Ihr Leben zu integrieren geschieht nicht über Nacht, und es geht auch nicht so einfach wie „Malen nach Zahlen". Man kann dazu kein Rezept liefern oder eine Gebrauchsanleitung wie beim Ölwechsel. Es gehören eine ganze Reihe Maßnahmen und Versuche dazu, dem auf die Schliche zu kommen. Barrie lehrt den Prozess in ihrem Online-Kursus „Path to Passion" und in Ihrem Buch „The 52-Week Life Passion Project".

Jeder, der dieses Buch liest, hat seine ureigene Geschichte. Wir alle haben unterschiedliche Persönlichkeiten, Fähigkeiten, Träume und Verpflichtungen. Was genau Ihre Berufung ist, wird sich von der anderer Leser deutlich unterscheiden. Wir raten zu einer Übung mit 14 Schritten, die es Ihnen möglich macht, mehr über Ihre Berufung herauszufinden.

Schritt 1: Erstellen Sie eine Vision

Mit Ihren Werten und Prioritäten als Leitfaden notieren Sie sich, was Sie sich von jedem Ihrer Lebensbereiche erwarten – insbesondere bei der Arbeit. Sie wissen vermutlich nicht genau, was alles dazugehört. Ein guter Ausgangspunkt ist immer, das aufzuschreiben, was Sie auf keinen Fall wollen.

Als Barrie beispielsweise Ihre Lebensvision vor fünf Jahren aufschrieb, klang das so:

> Ich lebe in einer interessanten, progressiven, energiegeladenen Stadt, in der ich die Natur genießen kann, die Kunst, Kultur, tolles Essen und gleichgesinnte Leute. Ich arbeite in einem Beruf, der mir gefällt und wo ich Menschen helfen kann. Ich setze mein Coaching ein und meine zwischenmenschlichen Fähigkeiten, ebenso mein Schreiben und meine kreativen Anlagen.
>
> Ich arbeite flexibel und habe die Freiheit, zu reisen und von überall aus zu arbeiten. Mein Einkommen wächst ständig, aber ich lasse nicht zu, dass mein berufliches Weiterkommen ein Ungleichgewicht in meinem Leben schafft.
>
> Ich befinde mich in einer liebevollen, respektvollen und unterstützenden Beziehung mit einem cleveren, kreativen, witzigen, zarten und ethischen Mann. Ich verfüge über ein enges Geflecht an guten und unterstützenden Freunden und habe eine Familie, mit der ich viel Zeit verbringe. Ich habe auch eine liebevolle Beziehung zu jedem meiner drei jungen erwachsenen Kinder. Ich verbringe regelmäßig Zeit in der Natur und reise mehrmals im Jahr zu für mich neuen Orten. Ich bleibe auch in jedem Jahr, das verstreicht, aktiv, energiegeladen und gesundheitsbewusst. Ich bleibe aufgeschlossen für alle neuen Möglichkeiten und Chancen im Leben.

Sie kann ohne zu lügen sagen, ihre Vision sei wahr geworden: Sie ist in eine neue Stadt gezogen, betreibt ein Online-Unternehmen, das sich der persönlichen Weiterentwicklung widmet, hilft damit anderen, macht tolle Reisen und pflegt ihre Beziehungen, ihre Gesundheit und ihre Freiheit.

Wir empfehlen, das aufzuschreiben, was Sie wollen, und immer dann zu diesem Text zurückzukehren, wenn Sie auf etwas stoßen, das Sie in Ihrem Leben wollen – oder nicht wollen. Hängen Sie Ihre Vision dort auf, wo Sie sie jeden Tag sehen können.

Schritt 2: Betrachten Sie Ihr derzeitiges Leben

Wenn Sie merken, dass Sie sich zu sehr auf das konzentrieren, was Ihnen nicht gefällt, untersuchen Sie, wie stark Ihr derzeitiges Leben der Vision aus der vorangegangenen Übung entspricht. Rufen Sie sich ins Gedächtnis, dass Teile Ihrer Vision bereits wahr geworden sind – hier und jetzt!

Schreiben Sie alles auf eine Liste, was Ihnen am Arbeitsplatz gefällt und was gut ist – ob es sich um den Bürostuhl handelt oder einen Kunden, mit dem Sie gut auskommen. Schreiben Sie eine vergleichbare Liste für Ihr Privatleben, die ebenfalls alles erfasst, was dort gut funktioniert.

Schütten Sie das Kind nicht mit dem Bade aus, wenn Sie nach Ihrer Berufung fahnden. Manchmal übersehen wir all das Gute in unserem Leben, weil wir so gebannt auf alles Negative starren.

Schritt 3: Prüfen Sie sich

Bringen Sie mehr darüber in Erfahrung, wer Sie sind, was Sie motiviert, wo Ihre Stärken liegen. Machen Sie bekannte Persönlichkeitstests, etwa

- den Myers-Briggs-Test,

- den Keirsey Temperament Sorter

- oder Tests, die Ihre Stärken identifizieren, zum Beispiel den Strengths-Finder 2.0.

Erfahren Sie mehr über Ihren Persönlichkeitstypus. Je mehr Sie über sich selbst wissen, desto größer wird Ihr Selbstbewusstsein, das sie tröstet und erleuchtet.

Schritt 4: Lesen Sie

Nehmen Sie sich jeden Tag 10 Minuten Zeit, um alles zu lesen, was sie interessiert, oder um möglichen Berufungen nachzuspüren. Beachten Sie, wie andere Leute Ihre Berufung und Ideen bei der Arbeit umgesetzt haben. Schreiben Sie alles auf, was für Sie interessant oder relevant ist.

Durch einen Online-Kurs können Sie Ihr Wissen über Ihre infrage kommende Berufung vertiefen und erweitern.

Schritt 5: Begrenzen Sie die Suche

Wenn Sie zu lesen und zu recherchieren beginnen, entdecken Sie den einen oder anderen Job, der ideal für Sie zu sein scheint. Vertiefen Sie dann Ihre Recherche, finden Sie heraus, welche Qualifikationen oder Abschlüsse Sie benötigen, wie man in der Branche erfolgreich ist, was man durchschnittlich verdient und wie lange es dauert, bis Sie sich etabliert haben.

Füllen Sie die Leerstellen aus, damit diese mögliche Berufung wahr werden kann.

Schritt 6: Suchen Sie sich einen Mentor

Finden Sie einen oder mehrere Leute, die schon machen, was Sie machen wollen, und darin erfolgreich sind. Senden Sie ihnen eine E-Mail und bitten Sie sie um Ratschläge. Machen Sie eine Liste mit Ihren Fragen.

Schritt 7: Brainstorming mit Notizen

Erwägen Sie alle notwendigen Schritte, um Ihrer Berufung näher zu kommen (sobald Ihre Recherchen beendet sind). Erstellen Sie eine lange Liste mit den einzelnen Maßnahmen, dann betrachten Sie sie erneut und setzen Ihre Prioritäten. Versuchen Sie, die einzelnen Schritte so klein wie möglich zu halten.

Schritt 8: Gehen Sie den ersten Schritt

Unternehmen Sie einen konkreten ersten Schritt. Vielleicht arbeiten Sie an Ihrer Bewerbung, melden sich für die Weiterbildung an oder rufen jemanden an. Vielleicht sind Sie sich nicht hundertprozentig sicher, ob der erste Schritt auch richtig ist, aber wenn Sie ihn nicht machen, werden Sie es nie erfahren. Legen Sie einen Termin fest – und gehen Sie los.

Sollten Sie stecken bleiben, machen Sie mit der vorangegangenen Strategie weiter und setzen sich S.M.A.R.T.-Vierteljahresziele. Verwandeln sie Ihre Suche nach einer sinnerfüllten Berufslaufbahn zu Ihrem Projekt. Machen Sie jeden Tag etwas.

Schritt 9: Unternehmen Sie eine Testfahrt

Eine ideale Probe für Ihre Berufung ist ein Testlauf. Statt sich kopfüber in einen neuen Job zu stürzen oder ein Unternehmen zu gründen, arbeiten Sie dort ein paar Tage unentgeltlich, um kräftig mit anzupacken und Erfahrungen zu sammeln.

Solch ein Testlauf gibt Ihnen ein reales Feedback. Damit können Sie entscheiden, ob es wirklich das ist, was Sie wollen.

Schritt 10: Denken Sie an andere Menschen

Denken Sie an Ihre Liebsten, halten Sie sie auf dem Laufenden. Sie werden auf Gegenwind stoßen. Beachten Sie das und überlegen Sie sich im Vorhinein, wie Sie damit umgehen wollen. Worauf kommt es Ihnen an? Und ihnen? Bleiben Sie gesprächsbereit.

Schritt 11: Sparen Sie Geld

Legen Sie Geld zurück. Sie brauchen es vielleicht, um den Übergang in ein neues Leben zu finanzieren. Vielleicht benötigen Sie einen zusätzlichen Abschluss, müssen ein Unternehmen gründen oder sich über Wasser halten, während Sie es ans Laufen bringen.

Überlegen Sie, wie Sie im Bedarfsfall an Geld kommen. Auch wenn Sie aus einer Festanstellung in eine andere wechseln, tut es gut, über einen Notgroschen zu verfügen.

Schritt 12: Planen Sie Ihr Einkommen

Legen Sie fest, wie gering Ihr Einkommen sein darf. Dazu müssen Sie ermitteln, wie viel Sie monatlich ausgeben, wo Sie einsparen können (und auch dazu bereit sind) und wie lange Sie von so wenig Geld leben wollen. Sie möchten keine Schulden machen, also muss der Betrag realistisch sein und grundsätzlich Ihr Leben ermöglichen.

Ein ideales Instrument zur Überwachung von Ausgaben und zur Vermeidung von Schulden ist eine Mint-App. Sie tragen ein, welche Rechnungen Sie bezahlen, Ihre derzeitigen Schulden und Konten, und Sie erhalten ein Gesamtbild

Ihrer finanziellen Lage. Sie können die App auch zum Erstellen einer Übersicht über Ihre monatlichen Ausgaben verwenden.

Schritt 13: Klären Sie Ihren derzeitigen Job

Ein Teil der von Ihnen unternommenen Schritte sollte dazu dienen, herauszufinden, wie Sie von Ihrem derzeitigen Job in Ihren neuen wechseln. Arbeiten Sie im alten Job weiter, während Sie mit dem neuen beginnen? Wann und wie werden Sie mit Ihrem Arbeitgeber darüber reden? Achten Sie darauf, dass alles gut und professionell abläuft, und brechen Sie die Brücken hinter sich nicht ab.

Schritt 14: Bleiben Sie durch Ihr Tun motiviert

Wenn Sie etwas Sicheres hinter sich lassen und zu neuen Ufern aufbrechen, haben Sie verständlicherweise Angst. Nachdenken, planen, sich sorgen und Besserwisserei führen Sie aber nicht weiter und tragen zum mentalen Müll bei.

Tägliche konzentrierte Handlungen bringen Sie voran. Wenn Sie nicht wissen, was Sie tun sollen, tun Sie irgendetwas. Unternehmen Sie etwas, das Sie Ihrem Traum näher bringt.

Ein positives Ergebnis dieser 14-Schritt-Übung ist, ein Gespür für Sinnhaftigkeit zu bekommen, während Sie die Kontrolle über Ihr Leben übernehmen und auf einen Lebenssinn zusteuern. Die Mühe, die Sie sich geben, um sich auf Ihr Ziel zuzubewegen, kann so befriedigend sein wie das geplante Ergebnis. Greg Johnson rät in seinem Buch „Living Life on Purpose: A Guide to Creating a Life of Success und Significance", sich auf die Reise und nicht auf das Ziel zu konzentrieren. Nicht der Abschluss einer Tat mache Freude, sondern das Tun.

Ein Großteil Ihres mentalen Stresses und des negativen Denkens rührt vom Gefühl der Unsicherheit und der fehlenden Kontrolle über das Leben. Beginnen Sie erst einmal, nach Ihrer Berufung zu suchen, erlangen Sie immer mehr geistige Klarheit und Seelenfrieden.

Sie haben nun ausreichend Methoden erlernt, mit denen Sie Ihre negativen Gedankenmuster überwinden und den Druck der unwichtigen Verpflichtungen Ihres Lebens verringern können. Im nächsten Kapitel sprechen wir von den negativen Auswirkungen, die Beziehungen auf Ihr geistiges Wohlbefinden haben – und was sie dagegen tun können.

TEIL III
Beziehungen aufräumen

Negative Auswirkungen schlechter Beziehungen

Ihre Kinder treiben Sie in den Wahnsinn. Ihre Eltern sind so bedürftig. Ihr Chef ist ein Idiot. Ihr Partner/Ihre Partnerin versteht Sie einfach nicht. Ihr bester Freund ruft nicht an.

Wie oft irritieren uns unsere Mitmenschen, frustrieren uns oder machen uns sogar wütend? Die Antwort auf diese Frage ist äußerst wichtig, denn Beziehungsprobleme sind eine der Hauptursachen des Unglücks, das wir empfinden.

Wir spulen unangenehme Gespräche in unserem Kopf immer wieder und wieder ab und sind stundenlang über eine Beleidigung verärgert. Oder leben fern unserer Freunde und Lieben, fühlen uns isoliert und ungeliebt.

Wir erzeugen falsche geistige Geschichten über andere Leute, schreiben ihnen Gedanken und Verhalten zu, das vielleicht zutrifft, vielleicht auch nicht, das uns aber trotzdem verletzt hat und uns niederschlägt.

Es stimmt zwar, dass man nicht mit anderen zusammenleben kann, ohne dass es hin und wieder zu Missverständnissen kommt. Wenn Sie aber feststellen, dass Sie bestimmte zwischenmenschliche Beziehungen auslaugen, müssen Sie diese Beziehung entweder verbessern oder bestimmte Menschen aus Ihrem Leben streichen.

Stellen Sie sich vor, Sie hätten keinerlei Ängste, die mit Ihren Mitmenschen zu tun haben. Wie wenig vermüllt wäre da Ihr Geist? Wie viel Energie wäre übrig für produktive und positive Beschäftigungen?

Zwar können Menschen, die in unserem Leben wichtig sind, zu geistigem Stress führen, dennoch sind unsere engen Beziehungen einer der Hauptfaktoren, die zu langfristigem Glück beitragen.

Machen Beziehungen glücklich?

Zu den längsten Untersuchungen, die je über das Glücklichsein durchgeführt wurden, gehört die Harvard Study of Adult Development, früher als Grant-

Studie bekannt. Seit 1937 erforschen Wissenschaftler aus Harvard, was uns glücklich macht, indem sie 268 Männer befragen, die in den 1930ern ihr Studium antraten. Sie haben sie über den Krieg befragt, über ihre berufliche Karriere, Ehe und Scheidungen, Elternschaft und Großelternschaft und schließlich das Alter.

Der derzeitige Leiter dieser Studie, Psychiater Robert Waldinger, Professor der Harvard Medical School, hält die langfristigen Ergebnisse für eindeutig: „Enge Beziehungen und soziale Bindungen erhalten Glück und Gesundheit. Darauf kommt es an. Menschen, denen es um Leistung und weniger um Bindung ging, waren stets unglücklicher. Man könnte sagen, der Mensch ist auf persönliche Beziehungen ausgerichtet."

Wieso sind Beziehungen so ungeheuer wichtig für unser Glück und laugen uns gleichzeitig oft genug mental völlig aus? Der Grund liegt darin, dass es nicht auf die Beziehung an sich ankommt – sie muss auch gut sein. Ob mit einem Liebespartner, Freund, einem Familienmitglied oder Arbeitskollegen – eine gute Beziehung bedeutet:

- Priorität der Beziehung,

- offene Kommunikation,

- gesunde Konfliktbeilegungsstrategien,

- gegenseitiges Vertrauen und Respekt,

- gemeinsame Interessen,

- ein gewisser Grad an emotionaler und/oder intellektueller Intimität,

- Akzeptanz und Vergebungsbereitschaft,

- physische Berührungen (bei persönlichen Beziehungen).

Es liegt in unserem eigenen Interesse, uns unsere Bekannten, und wie wir mit ihnen interagieren, ganz bewusst auszusuchen. Eine gute Beziehung zu schaffen, zu fördern und aufrechtzuerhalten ist eine Grundvoraussetzung unseres Wohlbefindens und unseres Seelenfriedens.

Statt darauf zu warten, dass andere unsere Beziehungen verändern, müssen wir bei uns selbst anfangen. Selbst wenn es eigentlich Ihre Familienmitglieder, Ihre Freunde und Arbeitskollegen sind, die an ihrer Beziehungsfähigkeit arbeiten müssten, können Sie viel Stress im Leben vermeiden, wenn Sie mit dem Wandel bei sich selbst beginnen. Andere können Sie sowieso nicht verändern – Sie haben nur die Macht, Ihre eigenen Interaktionen und Reaktionen mit und auf Ihre Mitmenschen zu kontrollieren.

Betrachten wir nun vier Methoden, wie Sie Ihre Beziehungen verbessern können, die sich unmittelbar und positiv auf Ihre Geisteshaltung auswirken.

Beziehungsstrategie Nr. 1:
Seien Sie gegenwärtiger

Nach einer Untersuchung der University of North Carolina von „relativ glück-lichen, nicht gestressten Paaren" stellten Paare, die aktiv die Achtsamkeit übten, eine Verbesserung des Glücks in ihrer Partnerschaft fest. Sie empfanden auch gesündere Grade an „Beziehungsstress, dem effizienten Umgang mit Stress und Stress generell". Die Praxis der Achtsamkeit lässt uns bei unserem Partner gegenwärtig sein, lässt uns weniger emotional auf ihn oder sie reagieren. Wir überwinden Stress in der Beziehung schneller.

Gegenwärtigkeit in der Beziehung gelingt nicht nur frisch verliebten Pärchen. Man kann Achtsamkeit in allen und in jeder Beziehung leben.

Was aber heißt das – gegenwärtiger sein in den Beziehungen?

Sie können es mit folgenden Strategien versuchen:

Praktizieren Sie empathisches Zuhören

Ist Ihnen schon aufgefallen, dass manche Menschen in Gesprächen einfach nicht zuhören?

Zuzuhören gelingt vielen Leuten nicht, weil unsere Köpfe ständig selbst den-ken. Häufig sind wir, während wir jemandem zuhören, in unserem Kopf mit Kleinigkeiten oder Sorgen oder dem beschäftigt, was wir als Nächstes sagen wollen.

Empathisches (oder aktives) Zuhören setzt die Bereitschaft voraus, aus dem zerstreuten Hirn herauszukommen und dem anderen ohne Urteil zuzuhören. Empathie ist die höchste Form des aktiven Zuhörens. Der Sprecher fühlt sich frei, sicher und verstanden.

Aktives Zuhören gehört nicht traditionell zu einem Gespräch. Es gibt kein Neh-men und Geben, kein Miteinandersprechen, keinen Wettbewerb beim Reden. Beim empathischen Zuhören geht es nur um den anderen und um das, was er uns mitzuteilen versucht – mit seinen Worten, mit den unausgesprochenen Worten und mit den Emotionen.

Als empathischer Zuhörer sind Sie willens

- den Gesprächspartner das Gespräch dominieren und die Themen festlegen zu lassen;

- völlig auf das konzentriert zu bleiben, was der andere sagt;

- auf Unterbrechungen zu verzichten, selbst wenn Sie etwas Wichtiges zu sagen haben;

- offene Fragen zu stellen, die den Gesprächspartner noch mehr zum Reden bringen;

- auf Schlussfolgerungen und Lösungsangebote zu verzichten;

- dem Gesprächspartner zu spiegeln, was er Ihnen mitgeteilt hat.

Das klingt jetzt so, als sei empathisches Zuhören nur für Ihren Gesprächspartner von Vorteil, doch als Zuhörer sind Sie im Zustand konzentrierter Bewusstheit. Und wenn Sie empathisch zuhören, können Sie sich selbst nicht in einer Gedankenschleife verfangen oder in Sorgen und Reue abschweifen.

Beginnen Sie, mit Ihrem Partner, Familienangehörigen und engen Freunden empathisches Zuhören zu praktizieren. Bei Ihrer nächsten Interaktion hören sie 10 Minuten lang aktiv zu, konzentrieren sich dabei völlig auf den anderen Menschen und das, was er sagt. Das bringt Sie Ihren geliebten Menschen näher und verschafft Ihnen eine Auszeit vom eigenen Gedankenmüll.

Achtsames Reden

Negatives Denken kann Ihre Beziehung zerstören. Wenn Sie immer nur von Ängsten reden, sich selbst verteufeln, schlecht über andere sprechen oder vor Selbstmitleid zerfließen, machen Sie nur eins: Die anderen davon überzeugen, dass sie negativ drauf sind.

Wenn Sie andererseits positive Interaktionen fördern, stärken Sie Ihre bestehenden Beziehungen. Dr. John Gottman entdeckte beispielsweise bei seinen Forschungen, dass die Zahl der positiven Interaktionen in einer Beziehung fünfmal so hoch sein sollte wie die der negativen, damit die Beziehung stabil bleibt und eine Ehe funktioniert. Gottmans Erkenntnisse lassen sich auf andere Beziehungen übertragen. Konflikte und Negativität treiben Menschen von Ihnen weg.

Bewusstheit ist stets der erste Schritt zur Veränderung. Wir raten, alles genau zu beachten, was Sie im Gespräch äußern, besonders in Ihrer Liebesbeziehung. Schalten Sie einen geistigen Filter zwischen Ihre Gedanken und Worte, bedenken Sie, welche enorme Wirkung Worte auf den bedeutendsten Menschen in Ihrem Leben haben können.

Widerstehen Sie der Versuchung, einfach nur auf die Worte oder Taten des anderen zu reagieren. Halten Sie inne, wählen Sie Ihre Worte sorgfältig. Sprechen Sie liebevoll, mitfühlend und voller Respekt. Verwenden Sie eine ruhige, nicht bedrohliche Stimme, selbst wenn der andere aufgeregt oder wütend spricht.

Wenn Sie achtsamer reden, ziehen die Menschen um Sie herum oft gleich. Und wenn nicht, haben Sie sich immerhin zu Selbstkontrolle und innerem Frieden ermächtigt.

Mit der Praxis des achtsamen Redens verbessern Sie nicht nur die Qualität Ihrer Beziehung, sondern auch die Qualität Ihres Innenlebens.

Meditation zur liebenden Güte

Eine Meditation zur liebenden Güte konzentriert sich darauf, Gefühle der Wärme zu anderen zu entwickeln. Sie können die Meditation zur liebenden Güte eigens dafür verwenden, die Beziehung zu ganz bestimmten Menschen in Ihrem Leben zu verbessern, um nicht mehr so negativ über sie zu denken.

Diese Art der Meditation stärkt unsere Bewusstheit, dass unsere Mitmenschen auch nur Menschen sind, die Mitgefühl und Liebe verdienen – selbst wenn sie schwierig sind. Das verringert Konflikte in der Beziehung und verbessert das eigene Wohlbefinden. Drei wissenschaftliche Studien belegen das.

Zunächst fanden Forscher der Stanford University heraus, dass die Meditation zur liebenden Güte das Gefühl der sozialen Verbundenheit der Meditierenden stärkt.

Eine Studie der University of Utah ergab zudem, dass die Praxis der Meditation zur liebenden Güte „zur Senkung des generellen Grades wahrgenommener Feindseligkeit, Mangel an Sensibilität, Einmischung und Spott von Seiten der anderen führte". Diese besondere Meditationspraxis verbessert also nicht nur Ihre ganz enge Beziehung, sondern auch Ihre Beziehung zu sich selbst.

Schließlich haben Forscher in einer bedeutenden Studie herausgefunden, dass allein die siebenwöchige Übung der Meditation zur liebenden Güte die Gefühle von Liebe, Freude, Zufriedenheit, Dankbarkeit, Stolz, Hoffnung, Interesse, Spaß und Ehrfurcht steigerte.

Sie können die Meditation zur liebenden Güte überall praktizieren, beginnen Sie aber mit einer kurzen 10-Minuten-Meditation an einem ruhigen Ort, an dem Sie nichts ablenkt.

Diese Gewohnheit lässt sich ganz einfach folgendermaßen üben:

- Setzen Sie sich bequem hin, entweder mit gekreuzten Beinen auf dem Boden, die Hände liegen leicht in Ihrem Schoß, oder aufrecht auf einem Stuhl, ohne die Beine zu verkreuzen, mit den Füßen auf dem Boden und den Händen im Schoß.

- Schließen Sie die Augen und atmen Sie zwei- oder dreimal reinigend tief ein und aus. Zählen Sie danach jeden Atemzug von eins bis zehn.

- Haben Sie sich so entspannt, denken Sie an jemandem, dem Sie liebevoll Güte senden wollen. Machen Sie sich seine positiven Eigenschaften klar – das Gute, das Sie in ihm sehen.

- Haben Sie sich einige Minuten lang auf die guten Eigenschaften konzentriert, richten Sie mental folgende Sätze an diesen Menschen: „Ich wünsche dir Glück.", „Sei gesund.", „Werde geliebt."

  Es macht gar nichts, wenn sie diese Sätze abändern, damit sie besser zu den Bedürfnissen dieses Menschen passen. Hier gibt es keine Regeln. Sie können zum Beispiel den Namen des Betreffenden einsetzen, statt „du" zu sagen.

Sie können auch Gedanken wie die folgenden hinzufügen:

„Sei bewahrt vor inneren wie äußeren Verletzungen und Gefahren."
„Sei sicher und geschützt."
„Sei frei von geistigem Leid und Stress."
„Sei frei von physischem Schmerz und Leid."
„Sei gesund und stark."
„Lebe glücklich, friedvoll, freudvoll und leicht in dieser Welt."

Diese Meditation wird nicht nur Ihre Beziehungen verbessern, sondern auch Ihr eigenes emotionales Wohlbefinden und Ihren Seelenfrieden. Wie Sie diese Meditation auf Ihre persönlichen Lebensumstände zuschneiden, bleibt Ihnen überlassen, es bleibt immer im Kern ein zutiefst transformatorischer Prozess hin zum mentalen Aufräumen und Entrümpeln und hin auf Ihren Seelenfrieden.

Vergleichen Sie sich nicht länger mit anderen

„Betrachten wir doch nicht immer die Talente, die wir so gern hätten, oder schmachten wir nach Begabungen, die uns nicht gegeben sind, machen wir doch einfach das Beste aus dem, was wir haben."

B. J. Richardson

Uns selbst zu unseren Ungunsten mit anderen zu vergleichen ist eine der Hauptursachen geistiger Beunruhigung und emotionalen Leids.

* „Wäre ich doch bloß so hübsch wie meine Freundin."

* „Warum bin ich nicht so schlau wie mein Bruder?"

* „Die haben so viel mehr Geld als wir."

* „Die ist die ganze Zeit in der Welt unterwegs, und ich stecke hier fest."

Über solche Gedanken können wir die Kontrolle verlieren, wir fühlen uns schlecht und halten andere Leute für den Quell unseres Unglücklichseins. Indem wir uns an dem messen, was andere erreicht haben, was sie besitzen, was sie können, bereiten wir die Bühne für die Zerstörung potenziell erfüllender Beziehungen.

Als Autoren und Unternehmer haben Steve und Barrie erfahren, wie schnell man sich mit anderen vergleicht, die erfolgreicher sind. „Ich bin selbst in die Falle gegangen, mich mit meinen Mitbewerberinnen zu vergleichen", erklärt Barrie. „Das schadet meiner Konzentration auf die Arbeit, ich fühle mich unfähig und neidisch, bis ich wieder Boden unter den Füßen habe und begreife, dass ich für mich unterwegs bin, und meine Reise anders ist als die der anderen."

Vergleiche sind Nährboden für viele negative Gefühle, die mehr zerstören als nur Ihren Seelenfrieden – sie zerstören Ihre Beziehungen. Je mehr Sie darüber nachgrübeln, wie Sie im Vergleich wirken, desto schlechter denken Sie über sich und die anderen. Gefühle des Neids, der Eifersucht, der Scham, Schuldgefühle, Verlegenheit, Selbsthass, Ressentiments und Wut gehören wohl kaum zu den Eigenschaften, die eine Beziehung verbessern oder sie attraktiv machen!

Gretchen Rubin zufolge, Autorin des New-York-Times-Bestsellers „Das Happiness-Projekt: Oder: Wie ich ein Jahr damit verbrachte, mich um meine Freunde zu kümmern, den Kleiderschrank auszumisten, Philosophen zu lesen und überhaupt mehr Freude am Leben zu haben", spielten negative Emotionen wie Einsamkeit, Neid, und Schuldgefühle in einem glücklichen Leben eine große Rolle, sie seien blinkende Warnlichter dafür, dass sich etwas ändern müsse.

Wir alle vergleichen uns hin und wieder, manchmal ermutigt uns ein solcher Vergleich, uns zu verbessern oder das zu erreichen, was wir bei anderen bewundern. Wenn aber der Vergleich zum Aufleuchten der großen Warnblinklichter führt, dann wird es Zeit, die Ärmel hochzukrempeln und etwas zu unternehmen.

Es braucht schon geistige Anstrengung, sich vom Vergleichen und den damit verbundenen Gefühlen loszureißen. Wenn Sie aber Ihre Reaktion verändern auf die, die „mehr" haben, werden Sie freier auf dem eigenen Weg und zu dem tollen Menschen, der Sie sein sollen.

Es gibt drei einfache und kurze Übungen, die dazu beitragen, die Gewohnheit des Vergleichens mit anderen abzuschütteln:

Übung Nr. 1: Üben Sie die radikale Selbstannahme

Kein Vergleichen, kein Nachdenken, keine Grübelei ändert, was Sie sind, wie Sie aussehen, was Sie erreicht haben oder in diesem Augenblick besitzen. Der Mensch, der Sie jetzt sind, ist der einzige, den sie haben – zumindest heute.

Statt sich gegen diesen Menschen zu sträuben, gehen Sie in ihm auf. Nehmen Sie ihn an und geben Sie zu, dass sie zurzeit in Ordnung sind. Dieser Augenblick der radikalen Selbstannahme befreit und macht stark.

Übung Nr. 2: Ändern Sie, was Sie können

Der amerikanischen Theologe Reinhold Niebuhr schrieb das „Gelassenheitsgebet", in dem er sagt:

> *Gott, gib mir die Gelassenheit,*
> *Dinge hinzunehmen, die ich nicht ändern kann,*
> *den Mut, Dinge zu ändern, die ich ändern kann,*
> *und die Weisheit, das eine vom anderen zu unterscheiden.*

Die Gelassenheit, den Mut und die Weisheit anzunehmen, um die Niebuhr betet, gibt Ihnen das ideale Hilfsmittel an die Hand, Ihre Sehnsüchte und Frustrationen mit Realismus zu dämpfen.

Wenn Sie sich mit denjenigen vergleichen, die Sie bewundern, mag Sie das inspirieren und Veränderungen angehen lassen. Sie betreten das Spielfeld und verbessern Ihr Leben. Manchmal aber können Sie die Leistung einer bestimmten Person nicht überbieten – ganz gleich, wie sehr Sie es auch versuchen. Sie sehen nie so gut aus wie Ihre Freundin, die als Fotomodell arbeitet, oder werden nie so reich wie Ihr Cousin, der Millionär.

Statt sich blindlings nach etwas zu sehnen, das Sie sowieso nie haben werden, sollten Sie Entscheidungen durch den Filter Ihrer inneren Weisheit treffen. Was können Sie ändern? Was wollen Sie ändern? Beziehen Sie sich auf Ihre Werte und Prioritäten, damit Sie Ihr Leben nach Ihren ganz eigenen Kriterien bestimmen und nicht versuchen, jemand anderer zu sein oder jemanden nachzumachen, der ja ohnehin andere Werte und Prioritäten hat.

Hin und wieder werden Sie sich nach etwas sehnen, das Sie nicht haben können. Doch machen Sie stets das Beste aus dem, was Sie haben. Konzentrieren Sie sich auf Ihre Stärken und üben Sie weiterhin die Selbstannahme.

Übung Nr. 3: Seien Sie immer dankbar

Vergleiche machen uns blind für das, was wir alles haben. Wir starren gebannt auf das, was jemand anders hat, und glauben, wir könnten dem nicht entsprechen. Damit übersehen wir all das Gute um uns.

Wir können uns dafür entscheiden, das Glas als halbvoll und nicht als halbleer anzusehen – und uns dann für das Wasser im Glas bedanken.

Wenn Sie morgens aufwachen, machen Sie sich noch im Bett eine geistige Liste all der guten Dinge in Ihrem Leben und konzentrieren Sie sich eine Minute oder zwei auf jedes einzelne davon. Machen Sie das genauso, bevor Sie schlafen gehen. Sie können die Gefühle der Dankbarkeit bekräftigen, indem Sie sie in ein Dankbarkeits-Tagebuch eintragen. Gehen Sie jeden Tag im Geist noch einmal alles Positive durch, das Ihnen begegnet ist, dann schreiben Sie es nieder. Überlegen Sie sich, wie das Leben ohne die Menschen wäre, die Sie lieben, Ihr Haus, Ihre Gesundheit usw. Wenn Sie sich vorstellen, all das wäre plötzlich weg, merken Sie, wie gut Sie dran sind.

Beziehungsstrategie Nr. 2: Lösen Sie sich von Vergangenem

Wir sprachen bereits über das Nachgrübeln über die Vergangenheit und davon, wie es Gefühle der Überforderung auszulösen vermag. Sobald Sie an die Vergangenheit denken, stellen Sie fest, dass sich viele Ihrer Gedanken auf Begegnungen mit Menschen beziehen, die Sie damals um sich hatten.

Sie spulen immer wieder schmerzhafte und unangenehme Gespräche ab. Sie verharren bei einer in die Brüche gegangenen Beziehung oder einer gescheiterten Liebe. Vielleicht denken Sie voller Sehnsucht und Trauer an Kinder, die mittlerweile erwachsen geworden und ausgezogen sind, an Freunde, die nicht mehr da sind, oder an Geschwister, zu denen Sie den Kontakt verloren haben.

Vielleicht wurden Sie in einer Beziehung so tief verletzt und verwundet, dass das nie verheilt ist und Ihr Leben immer noch beeinflusst und Ihr Denken sabotiert. Sofern diese Erinnerungen in einer Endlosschleife laufen, lösen sie Wut, Scham, Schuld, Angst und Trauer aus.

Weil Beziehungen ein so wichtiger Bestandteil unserer Leben sind, überrascht es wenig, dass Menschen aus unserer Vergangenheit uns nach wie vor quälen – auch noch nach Wochen, Monaten oder Jahren nach der Begegnung oder nach Beendigung der Beziehung. Sie spielen das „Kopfkino" so oft ab, bis Sie sich damit identifizieren. Wenn Sie die Vergangenheit so mit sich herumschleppen, wird sie zur großen Last, die Energie und inneren Frieden raubt.

Manchmal spulen wir solche vergangenen Szenen unbewusst ab, um sie zu lösen. Das Nachgrübeln hält uns dabei allerdings nur in der Vergangenheit fest, und wir fühlen uns elend in der Gegenwart. Wie können wir uns aus unseren Gedanken über die Vergangenheit befreien, damit sie uns nicht mehr gefangen halten oder an Menschen binden, die längst nicht mehr Teil unserer Leben sein sollten?

Eckhart Tolle schreibt in seinem Buch „Jetzt! Die Kraft der Gegenwart", wir könnten die Gewohnheit brechen, alte Emotionen anzusammeln und zu bewahren, indem wir – bildlich gesprochen – unsere Flügel ausstreckten und uns nicht mehr länger in der Vergangenheit aufhielten – ganz gleich, ob sich etwas gestern oder vor 30 Jahren zugetragen habe. Seiner Meinung nach können wir lernen, Situationen und Ereignisse in unserem Geist nicht am Leben zu erhalten, sondern unsere Aufmerksamkeit erneut und beständig dem klaren, zeitlosen, gegenwärtigen Augenblick zuzuwenden statt uns im geistigen Kopfkino gefangen halten zu lassen.

Das ist leichter gesagt als getan, oder?

Wie schwer ist es doch, schmerzhafte Erinnerungen loszulassen und solche Gedanken aus dem Geist zu verbannen!

Schwer – aber nicht unmöglich.

Und auf jeden Fall der Mühe wert, wenn Sie sich befreien und positive, liebevolle Beziehungen im Hier und Jetzt genießen wollen.

Wollen Sie heute bei Ihrer Familie und Ihren Freunden sein, dürfen Sie nicht in Ihren Erinnerungen, in vergangenen Beziehungen und in alten Verletzungen gefangen bleiben.

Und so können Sie den mentalen Müll der Gedanken über die Vergangenheit aufräumen:

Lösen Sie, was zu lösen ist

Blieb ein Problem oder eine Verletzung zwischen Ihnen und einem Mitmenschen ungelöst, unternehmen Sie etwas, um die Situation zu klären. Ärgern Sie sich nicht wegen der vergangenen Probleme, bringen Sie die Kommunikation mit dem anderen in Gang, um alles zu bereden, selbst wenn Sie wissen, dass Ihnen Unrecht geschah. Es ist nicht einfach, auf jemanden zuzugehen, der einem wehgetan hat, aber das Unbehagen darüber dauert nicht so lange an wie die langsame Qual des andauernden, vergangenen Schmerzes.

Gefühle der Wut oder der Verletzung können einen offenen Dialog sehr erschweren, lernen Sie also mehr über gesunde Kommunikation, damit Sie produktiv mit Ihrem Gegenüber reden können.

Ein Teil der Lösung kann sein, Ihre Gefühle und Ihren Schmerz mitzuteilen, dann die Sicht des anderen anzuhören, Vergebung zu erbitten oder anzubieten, um danach über die Zukunft der Beziehung zu sprechen. Brechen Sie den „Bann" Ihrer inneren Erzählung über die Vergangenheit, indem Sie offen über alles reden.

Es ist nicht immer möglich, mit jemandem aus der Vergangenheit offen zu sprechen, wenn es aber geht, ist es der beste Weg, Sie aus dem Gefühl herauszuholen, Sie seien in Ihren Erinnerungen und in Ihrem Schmerz gefangen.

Hinterfragen Sie Ihre Geschichte

Wenn Sie im Geist eine Szene immer und immer wieder durchgehen, entwickelt sich Ihr Blickwinkel für Sie zur absoluten Wahrheit. Es ist Ihnen unmöglich, die Geschichte aus einer anderen Perspektive zu betrachten.

Sie denken, Ihre Erinnerung und Interpretation der Beziehung seien richtig und Ihr Gegenüber habe eine ganz abweichende Perspektive.

Hinterfragen Sie Ihre eigene Deutung, indem Sie sich in den anderen hineinversetzen. Das funktioniert, wenn Sie folgende Fragen beantworten:

- Wie sieht der andere das, was sich zwischen Ihnen ereignet hat?

- Was haben Sie möglicherweise gesagt oder getan, das der andere missverstanden haben könnte?

- Sind vielleicht sogar Ihre Erinnerungen fehlerhaft?

- Hat der andere vielleicht mit dem ein oder anderen recht?

- Haben sich die Dinge vielleicht nicht ganz genau so zugetragen wie in Ihrer Erinnerung?

Wenn Sie Mitgefühl für den anderen haben, verschwindet etwas von dem Zorn oder Schmerz, der mit der Erinnerung verbunden ist. Indem Sie Ihre eigenen Überzeugungen und Erinnerungen hinterfragen, erlauben Sie sich, die Situation von einem weniger negativen Standpunkt aus zu betrachten.

Bieten Sie an zu vergeben

Wahrscheinlich wird sich der Mensch aus Ihrer Vergangenheit nie entschuldigen, bieten Sie dennoch an, ihm zu vergeben. Sie müssen ihm nicht persönlich verzeihen, vergeben Sie ihm einfach innerlich mit Herz und Geist.

Halten Sie an Wut und Schmerz fest, verlängern Sie so Leiden und geistigen Stress. Sie verzeihen, um sich selbst aus diesem Leid zu befreien, damit Sie von nun an mit einem klaren Geist in der Gegenwart leben können.

Der Bestseller- und Selbsthilfeautor Dr. Wayne Dyer meint, anderen zu vergeben sei die Grundvoraussetzung allen geistigen Wachstums. Ihre Erfahrung, dass jemand Sie verletzt hat, sei zwar schmerzhaft, aber doch nicht mehr als ein Gedanke oder ein Gefühl, das wir mit uns herumschleppten. Diese Gedanken der Abneigung, der Wut und des Hasses stellten langsame, behindernde Energien dar, die Ihnen die Kraft rauben, wenn Sie ihnen länger Raum in Ihrem Kopf geben. Könnten Sie sie loswerden, hätten Sie viel mehr Frieden.

Jemandem zu verzeihen bedeutet nicht notwendigerweise eine Aussöhnung. Es bedeutet, dass Sie Abneigung und Wut loswerden, um sich nicht länger zu vergiften. Vergebung kann schwer sein, besonders wenn derjenige, der Sie verletzt hat, jede Verantwortung dafür von sich weist. Anerkennen Sie als Anfang erst einmal, dass der Betreffende alles ihm Mögliche mit den ihm zur Verfügung stehenden Mitteln zu tun versucht. Wenn Sie wieder einmal über die in der Vergangenheit zugefügten Schmerzen nachgrübeln, ziehen Sie die Gedanken vom anderen ab und denken Sie an sich selbst. Anerkennen Sie Ihre Gefühle, ohne dem anderen die Schuld daran zu geben. Fragen Sie sich: „Was konnte ich daraus lernen? Wie kann ich es einsetzen, um mich selbst zu bessern?"

Dr. Dyer zufolge ist Ihr Leben ein Schauspiel in mehreren Akten. Einige der auftretenden Schauspieler hätten nur kleinere Rollen, andere größere. Einige seien Bösewichte, andere die guten Jungs. Aber jeder einzelne wäre nötig, sonst wären Sie selbst nicht mit auf der Bühne. Er rät, alle anzunehmen und mit dem nächsten Akt fortzufahren.

Vergebung anzubieten setzt möglicherweise voraus, sich zunächst selbst etwas vergeben zu müssen, was Sie in einer Beziehung gesagt oder getan haben. Denken Sie aufrichtig über das nach, was Sie getan haben – wie könnte das den anderen verletzt oder beleidigt haben? Sie finden vermutlich viele Gründe für Ihr Tun und sicher auch einige legitime Rechtfertigungen. Wenn aber etwas an Ihrem Verhalten falsch war, müssen Sie das akzeptieren und sich dann selbst vergeben.

Es wird einfacher, sich selbst zu vergeben, wenn Sie bei den vergangenen Fehlern die Perspektive verändern. Bestrafen Sie sich nicht für vergangene Fehler in Beziehungen, ehren Sie die Vergangenheit und betrachten Sie Ihre Taten als etwas Gutes. Sie sind ein Teil dessen, was Sie damals waren, und Sie mussten auf diese Weise lernen. Nun aber geht es weiter: Vergeben Sie sich, erkennen Sie, wer Sie sein und wie Sie handeln wollen.

Beziehungsstrategie Nr. 3:
Achtsamkeit mit Ihrem Partner

Die zwei vorangegangenen Strategien lassen sich auf jede beliebige Beziehung in Ihrem Leben anwenden. Ihre engste Liebesbeziehung aber ist etwas Besonderes und soll auch so behandelt werden.

Mit Ihrem Ehegatten bzw. Liebespartner haben Sie die Chance zu einem ungeheuren emotionalen und persönlichem Wachstum – ganz besonders, wenn Sie Ihren Partner als jemanden verstehen, der Sie in Ihrem Leben etwas lehren soll. Durch diese Beziehung können Sie lernen, gegenwärtiger und mitfühlender zu werden.

Ironischerweise stellen unsere Liebesbeziehungen aber auch die größte Herausforderung unseres Lebens dar, sie verursachen den meisten „mentalen Müll" und Stress. Die Praxis der Achtsamkeit in der Liebesbeziehung ist ein Hilfsmittel, Ihre ureigene enge Beziehung zu stärken und zur gleichen Zeit Stress und Angst abzubauen.

Der Achtsamkeitsexperte und Medizin-Professor Jon Kabat-Zinn beschreibt Achtsamkeit als absichtsvolles Achtgeben auf den gegenwärtigen Augenblick bei gleichzeitigem Verzicht auf eine Bewertung.

Gerade in der Hitze des Gefechts scheint diese Praxis fast unmöglich – Sie wollen ja gerade einen Schlag gegen Ihren Partner führen. Mit der Übung vergrößert die Achtsamkeit unsere Bewusstheit dessen, was wir mit unseren Partnern erleben, sie gibt uns den Raum zu bestimmen, wie wir agieren (und re-agieren) wollen.

Schaffen Sie es, Ihre emotionalen Reaktionen auf Ihren Gatten oder Partner zu umgehen, ruhen Sie stärker in sich selbst, sind ruhiger und können Probleme auf liebevolle Weise lösen. Diese Fähigkeit kann Sie vor Tagen, ja sogar Jahren voller mentalem und emotionalem Stress bewahren, der Ihnen Ihre ganze emotionale Kraft raubt.

Bei der Achtsamkeit gehe es nicht darum, unsere Gefühle zu verneinen oder zu unterdrücken, erklärt die Psychologin und Autorin Dr. Lisa Firestone in einem Artikel in der „Psychology Today". Es gehe vielmehr darum, eine neue und andere Beziehung zu unseren Gefühlen und Erfahrungen aufzubauen, bei der wir den Fahrersitz einnehmen. Wir sähen unsere Gefühle und Gedanken wie einen Zug, der in den Bahnhof einfahre, aber wir entschieden nun selbst, ob wir einsteigen oder nicht.

Die Entscheidung, nicht einzusteigen, ist der Beginn einer bewussten Beziehung, die Gesundheit und vermehrte Gegenwärtigkeit im Leben stärkt und nicht Streit und Spaltung. Es folgen ein paar einfache Dinge, die Sie tun können, damit Sie in Ihrer Ehe oder Beziehung gegenwärtiger werden.

Verpflichten Sie sich

Mit dem bewussten Wissen, dass die Achtsamkeit die Qualität Ihrer Bindung zu Ihrem Partner stärkt, verpflichten Sie sich, diese Gewohnheit tagtäglich zu praktizieren.

Sofern Sie bereits seit Jahren in einer unbewussten Beziehung leben, in der Sie und Ihr Partner nur noch reaktiv sind, braucht es einige Zeit, bis Sie anders interagieren können. Wenn Sie aber motiviert sind, in Ihrer Beziehung zu wachsen und den Stress im Leben zu verringern, können Sie sich ändern.

Es handelt sich um die wichtigste Beziehung Ihres Lebens, die sich auf Ihre geistige Gesundheit und Ihre Haltung zu allem auswirkt. Verpflichten Sie sich auf diese Praxis in Ihrer Beziehung, und all Ihre Lebensbereiche verbessern sich.

Legen Sie einen Zettel dorthin, wo Sie ihn jeden Morgen als Erstes sehen. Er erinnert Sie, bei jeder Interaktion mit Ihrem Gatten gegenwärtig zu sein. Sie werden anfangs Erinnerungszettel an mehreren Orten im Haus brauchen.

Teilen Sie Ihre Verpflichtung mit

Ihre Entscheidung, von nun an achtsamer mit Ihrem Partner umzugehen, hängt nicht davon ab, ob Ihr Partner dasselbe tut – aber es würde sicherlich helfen.

Setzen Sie sich mit Ihrem Partner irgendwohin, wo Sie in Ruhe reden können, und lassen Sie ihn von Ihrem Plan wissen. Sie könnten zum Beispiel sagen: „Ich habe mich entschieden, in meiner Beziehung zu dir gegenwärtiger und mitfühlender zu sein. Das bringt uns näher, wir können dann Streitigkeiten ohne Wut oder Verletzungen überwinden. Ich habe mich dazu entschlossen, es wäre schön, wenn du dich auch dazu entscheiden könntest."

Ihr Partner fragt sich vielleicht, wie Sie das meinen, das führt zu einer weiteren Übung, die Sie praktizieren können.

Seien Sie emotional gegenwärtig

Emotional gegenwärtig zu sein bedeutet, sich im Gespräch völlig auf den Partner einzustellen. Schmerzt Ihren Partner etwas, bleiben Sie emotional offen für Schmerz und zeigen Empathie.

Es bedeutet auch, dass Sie die Körpersprache Ihres Partners beachten und sie spiegeln. Sie blicken ihm in die Augen, berühren ihn sanft, und nicken, um zu bedeuten, dass Sie zuhören.

Es bedeutet im Allgemeinen außerdem, keine Vorschläge zu machen oder Lösungen anzubieten, wie das Problem behoben werden kann – es sei denn, Ihr Partner bittet Sie darum. Tatsächlich blockieren wir die uns innewohnende Fähigkeit zur emotionalen Gegenwärtigkeit, wenn wir unbedingt „mehr" für unseren Partner tun wollen. Aufgrund der zugewandten Gegenwärtigkeit fühlt sich Ihr Partner nicht mehr alleingelassen mit dem, was er empfindet.

Diese emotionale Übereinstimmung mit Ihrem Partner bringt größere Nähe, Vertrauen und Sicherheit in der Beziehung.

Hören Sie zu, verteidigen Sie sich nicht

Streiten Sie sich mit Ihrem Partner oder reden sie aufgeregt miteinander, bedeutet Gegenwärtigkeit, dass Sie zuhören, ohne zu antworten oder sich zu verteidigen.

Seien Sie sich der eigenen reaktiven Emotionen bewusst, benennen Sie sie und merken Sie, was diese ausgelöst hat, aber handeln Sie nicht. Lenken Sie Ihre Aufmerksamkeit erneut auf die Worte Ihres Partners und geben Sie zu, dass die Gefühle Ihres Partners so wichtig sind wie Ihre.

Spiegeln Sie Ihren Partner

Die Bereitschaft, dem Partner die Worte zu spiegeln, die Sie von ihm hören, zeigt ihm, dass Sie ihm aktiv zuhören. Sie zeigt Ihrem Partner zudem, dass er Ihnen nicht gleichgültig ist, dass Sie wirklich verstehen wollen, was er Ihnen sagt.

Dieses Spiegeln meint nicht Nachplappern. Es stellt sicher, dass das, was Sie hören, auch das ist, was Ihr Partner sagen will. Es ermöglicht den Austausch zur Klärung und lädt zu gemeinsamen Entschlüssen und gegenseitigem Verständnis ein.

Diese Achtsamkeitstechnik ist bei Konflikten, Verletzungen und Missverständnissen ein besonders wichtiges Mittel.

Kommunizieren Sie authentisch

Die Gegenwärtigkeit beim Partner ist ein Zeichen der Reife in Beziehungen. Sie bedeutet, dass Sie nicht kindisch antworten oder reagieren, nicht passiv-aggressiv formulieren oder mit den Augen rollen, nicht einfach schweigen oder schmollen. Trotzanfälle oder Wutausbrüche verhindern auf jeden Fall eine offene und authentische Kommunikation.

Haben Sie ein Problem mit Ihrem Partner, setzen Sie die Praxis der Achtsamkeit ein, statt zu drohen oder abschätzig zu reden. Achten Sie auf Ihre Emotionen und warten Sie, bis Sie wieder ruhig und weniger defensiv sind. Reden Sie erst dann.

Sagen Sie, worum es geht, ohne Schuldzuweisung oder Kritik. Sagen Sie, wie Sie das Problem wahrnehmen, wie Sie sich dabei fühlen, und was Sie von Ihrem Partner erwarten, damit Sie wieder verbunden sind. Hören Sie genau auf das, was Ihr Partner sagt, ohne sich zu verteidigen.

Was lehrt Sie der Konflikt?

Wir erwähnten bereits, dass eine Liebesbeziehung ein Laboratorium für persönliches Wachstum ist, wenn Sie achtsam sind. Jeder Streit ist unangenehm und unschön, dennoch bietet er die beste Gelegenheit, etwas zu lernen.

Statt nach einem Streit vor sich hinzukochen, fragen Sie sich lieber:

- Habe ich vielleicht nicht gänzlich recht?

- Trifft die Sicht meines Partners zumindest teilweise zu?

- Bin ich der Mensch, mit dem mein Partner zusammensein soll?

- Was lerne ich aus diesem Konflikt?

- Welcher tiefere Grund hat meine Reaktion eigentlich ausgelöst?

- Wie behindern meine verletzten Gefühle mein Wachstum?

- Was soll sich als Ergebnis dieser Interaktion ändern?

Ihre Antworten auf diese Fragen führen zu Heilung und Selbsterkenntnis und ermöglichen Ihnen, sich vom inneren Kritiker zu befreien, der Sie wütend und aufgeregt macht.

Verbringen Sie ablenkungsfreie Qualitätszeit mit Ihrem Partner

Eine der besten Maßnahmen für eine gesunde Beziehung ist Qualitätszeit mit Ihrem Partner. In dieser Zeit sind Sie beide entspannt und denken weder an den Druck der Arbeit noch an die Kinder oder an einen Streit.

Beschäftigte Menschen müssen sich dafür oft einen Termin setzen, weil das Leben so hektisch und anstrengend ist. Wenn das auch bei Ihnen der Fall ist, dann vereinbaren Sie einen Fixtermin oder sogar jeden Tag 30 Minuten Ruhezeit mit Ihrem Partner, in der Sie sich unterhalten und neu binden können.

Je mehr emotionale Nähe Sie mit Ihrem Partner teilen, desto stärker schirmen Sie sich vor Streit ab, der Ihnen beiden Leid verursacht. Die Mühe, die Sie sich hier machen, zahlt sich mit Seelenfrieden und geistiger Klarheit aus.

Beziehungsstrategie Nr. 4: Weg mit bestimmten Leuten!

Beziehungen aufzuräumen muss man manchmal wortwörtlich nehmen – schaffen Sie sich Menschen vom Hals, die Ihnen Schmerz verursachen. Manchmal hilft tatsächlich nur, alle zu verbannen, die Ihre geistige und emotionale Gesundheit untergraben.

Eine Beziehung zu beenden ist immer schmerzhaft, selbst wenn diese Sie auslaugte, behinderte, Sie gegenüber Ihrem wahren Selbst blind machte oder – was noch schlimmer ist – voller Missbrauch war.

Wir investieren viel in unsere Freundschaften, unsere Ehen, unsere Geschäftspartner und unsere Familienmitglieder. Oft genug ist es eine solch enge Beziehung – ein Mensch oder Menschen, die uns jahrelang nahestanden und mit denen wir viel zu tun hatten –, die den ärgsten Schmerz, die größte Unruhe auslösen.

Irgendwann kann in solchen Beziehungen der Punkt erreicht sein, an dem Schmerz und Probleme stärker sind als alles Positive. Wo die Konsequenzen eines Abschieds weniger schlimm erscheinen als das Elend des Weitermachens.

Ein Beispiel: Das Schwerste, was Steve je tun musste, war der Abbruch aller Beziehungen zu einer Ex-Freundin. Nach einer extrem frustrierenden, jahrelangen Beziehung spürte er, dass er einfach nicht mehr mit ihr zusammenleben konnte – selbst nicht nur als Freund. Sie gingen so giftig miteinander um, dass beide beieinander kein Glück empfinden konnten.

Er entschloss sich dazu, eine dauerhafte Trennung zu „erzwingen", indem er nach Europa zog, wo er acht Monate umherreiste, ohne auch nur über Handy erreichbar zu sein. Das war eine Herausforderung, doch Steve wusste, dass hier nur eine Art kalter Entzug helfen konnte, bei dem keiner mit dem anderen sprechen konnte.

Sie müssten natürlich nicht emigrieren, um eine schlechte Beziehung zu beenden, aber Sie sollten aktiv dabei werden, bestimmte Menschen aus Ihrem Leben zu streichen – und dann auch dabei bleiben.

Natürlich ist ein solcher endgültiger Entschluss nicht leicht. Es gibt jedoch ein paar Faktoren, die deutlich machen, dass so ein Schritt angebracht ist.

Dazu gehören:

- verbaler, emotionaler oder physischer Missbrauch,

- ununterbrochene Unehrlichkeit, Untreue oder Betrug,

- abweichende Grundwerte oder fragwürdige Integrität,

- allgemeine Negativität und Unverträglichkeit,

- beständige und schädliche Unverantwortlichkeit,

- dauerhafte Unreife und emotionale Manipulation,

- ungelöste oder unbehandelte geistige Störungen,

- Suchtverhalten (Drogen, Alkohol, Sex, Spielsucht, Pornografie),

- Gesprächsverweigerung, Weigerung, Probleme anzugehen oder Arbeit in die Beziehung zu stecken.

Doch auch ungeachtet solch schwerwiegender Probleme kann sich eine Beziehung ganz einfach erschöpfen. Sie stellen dann fest, auch wenn Sie die Gründe dafür nicht wirklich begreifen, dass der andere Ihr Leben nicht leichter, sondern schwerer macht. Sie kommen an den Punkt, an dem Sie einfach nichts mehr mit dem mentalen Müll und dem emotionalen Chaos zu tun haben möchten, das der andere in Ihrem Leben bewirkt.

Wenn der Mensch, der dieses Leiden verursacht, Ihr Partner ist, ein Elternteil, ein Familienmitglied oder ein erwachsenes Kind, können Sie die Beziehung nicht ohne schwerwiegende Folgen so einfach aufgeben. Doch Sie können diese Beziehungen besser handhaben und Ihre geistige Gesundheit schützen, indem Sie feste Grenzen setzen und diese dem Betreffenden auch mitteilen.

Eine Beziehung zu beenden darf nicht leichtfertig geschehen. Manchmal braucht es Monate oder Jahre und viel Kopfzerbrechen, bis man sich von jemand trennt, der lange Zeit ein wichtiger Teil des Lebens gewesen ist. Aber wir wären nicht aufrichtig, würden wir diesen Prozess als Option des geistigen Aufräumens nicht zumindest ansprechen.

Hier ein paar Überlegungen, wenn es um die Beendigung einer auslaugenden oder schmerzhaften Beziehung geht:

Was wäre besser ohne diesen Menschen?

Eine Beziehung zu beenden kann sich wie ein Verzicht oder eine grobe Unhöflichkeit anfühlen. Sie fühlen sich schuldig, wenn Sie sich von einem Menschen distanzieren. Doch diese Beziehung tut Ihnen nicht gut, Sie selbst behandeln sich nicht mit Respekt.

Wenn Ihnen die Entscheidung, ob Sie die Beziehungen beenden oder weiterführen wollen, nicht leichtfällt, stellen Sie sich vor, wie Ihr Leben ohne diesen Menschen wäre. Wären Sie erleichtert? Befreit? Weniger ängstlich und gestresst?

Fragen Sie sich, ob sich Ihr Leben nicht zum Besseren wenden würde, wenn Sie sich nicht mit den Problemen herumschlagen müssten, die Ihnen dieser Mensch verursacht. Ihr Urteil kann von Schuldgefühlen und Verpflichtungen getrübt sein, versuchen Sie dennoch, ganz ehrlich die Vorteile eines Beziehungsendes abzuwägen.

Erwägen Sie die Konsequenzen des Abschieds

Beendet man eine Beziehung, hat das Konsequenzen. Ihr Entschluss wirkt sich auch auf andere Menschen in Ihrer Umgebung aus. Die müssen sich für eine Seite entscheiden oder zumindest Stellung beziehen – und das wird nicht immer zu Ihren Gunsten sein. Manche Leute werden folglich den Kontakt zu Ihnen abbrechen.

Die Person, die Sie verlassen, will Ihnen vielleicht schaden, spricht schlecht über Sie oder verletzt Sie. Die Folgen können dramatischer oder zerstörerischer sein, als Sie sich das vorstellen. Es wird erst einmal schlechter, bevor es sich bessert. Der Verlust der Beziehung schmerzt mehr, als Sie es für möglich hielten, und Sie zweifeln an sich.

Es ist also sinnvoll, alle möglichen Konsequenzen zu bedenken, bevor Sie eine Beziehung beenden. Was empfinden Sie bei bestimmten Szenarien? Können Sie mit den Folgen leben oder sind die weitaus schlimmer, als einfach mit der Beziehung weiterzumachen?

Definieren Sie, was „Ende" für Sie heißt

Verlassen kann das dauerhafte Ende einer Beziehung bedeuten, in der es gar keine Kommunikation und keine Interaktion mehr gibt. Das ist aber nicht bei allen Beziehungen möglich – oder vernünftig. Ein „Ende" kann auch nur bedeuten, sich nicht mehr wie zuvor auf diesen Menschen zu beziehen, sondern neue Regeln des Umgangs festzulegen, die für Sie sicherer sind.

Beziehungen mit Familienmitgliedern, erwachsenen Kindern oder früheren Ehepartnern kann man nicht immer radikal beenden. Sie können aber die Zeit begrenzen, die Sie mit solchen Menschen verbringen, und bestimmen, wie Sie mit Ihnen kommunizieren, um Ihre geistige und emotionale Gesundheit zu bewahren.

Legen Sie fest, was „Ende" für Sie genau bedeutet. Wie viel Zeit wollen Sie mit diesem Menschen verbringen? Wie wollen Sie mit ihm reden – und wie oft? Was werden Sie bei Ihren Interaktionen mit ihm nicht länger tolerieren? Wenn Sie hier selbst aktiv werden, sitzen Sie am Drücker. Sie können dann ruhiger vorgehen.

Kommunizieren Sie Ihre Absicht ohne Schuldzuweisung

Einfach ein Familienmitglied oder einen Freund fallen zu lassen, ohne Erklärung, ohne Gespräch, scheint der einfachste Ausweg zu sein – aber sicher nicht die beste Weise. Ja, der Betreffende saugt Ihnen Ihre Lebensenergie und Freude aus, und doch verdient er eine Erklärung oder zumindest eine Vorwarnung.

Wenn Sie sich verabschieden oder die Zahl Ihrer Interaktionen einschränken, muss das nicht in einem langen, sich zäh hinziehenden Streit geschehen. Sie müssen auch niemandem die Schuld zuweisen oder eine abfällige Bemerkung machen. Wählen Sie den saubersten Weg und sagen Sie das, was Sie gerne hören würden, wenn Sie in der Haut des Betreffenden steckten.

Ein Gespräch unter vier Augen ist generell der beste Weg, ein solches Gespräch zu führen. Sie kennen den Betreffenden am besten. Wenn Sie schon wissen, dass es zu Wutausbrüchen und dramatischen Szenen kommen wird, ist vielleicht ein Brief oder ein Telefonat besser als ein Treffen. Wie auch immer, halten Sie sich kurz und konzentrieren Sie sich auf Ihre Gefühle, nicht auf die Fehler des anderen.

Vielleicht sagen Sie: „Ich brauche eine Pause in unserer Freundschaft, weil wir uns auseinandergelebt haben, das macht mir Stress. Du liegst mir am Herzen, aber ich muss Abstand halten. Ich wollte mich aber nicht zurückziehen, ohne dir das vorher zu sagen."

Überlegen Sie, was Sie bei einer negativen Reaktion machen

Ganz gleich, wie viel Mühe Sie sich auch geben, der andere (und wieder andere, die sie beide kennen) könnte ungut reagieren. Man weiß nie, wie jemand reagiert, der gerade verletzt wurde oder wütend ist.

Bereiten sie sich auf diese potenziellen Folgen im Voraus vor. Es könnte Sie beispielsweise ein Unterstützer zum Gespräch begleiten, oder Sie besuchen ihn nach dem schweren Gespräch.

Vielleicht müssen Sie mit Ihrer Familie oder Freunden, die den Betreffenden kennen, persönlich darüber reden, dass Sie die Beziehung beenden wollen. Erklären Sie, warum das notwendig ist, wenn möglich, ohne schlecht über den anderen zu reden.

Je nach Intensität und Dauer der Beziehung, die Sie beenden, brauchen Sie vielleicht therapeutische Hilfe, um mit den Gefühlen von Verlust und Schmerz zurechtzukommen.

Akzeptieren Sie, dass es ein Prozess sein kann

Bei einigen Beziehungen vollzieht sich das Ende langsam und allmählich im Laufe der Zeit. Oder es gibt ein Ende, dann eine Versöhnung, gefolgt vom endgültigen Ende.

Manchmal führen Schuldgefühle, Verwirrung oder Einsamkeit dazu, dass man seinen Entschluss zur Trennung infrage stellt. Dann heißt es: zurück zur Beziehung, bis der Entschluss, sich zu trennen, ein endgültiger ist.

Sie müssen begreifen, dass es niemals einfach oder schmerzfrei ist, sich von jemandem zu trennen, dem man einmal so nahe gewesen ist. Wenn es Ihnen so leichter fällt, lassen Sie sich Zeit.

Lassen Sie Trauer zu

Das Ende einer Beziehung, die sehr eng war und von der Sie hofften, sie könnte irgendwann doch noch funktionieren, ist immer schmerzhaft. Ja, Sie sind erleichtert, dass Sie sich nicht mehr mit den schweren Seiten Ihrer Beziehung auseinandersetzen müssen. Jetzt haben Sie emotional mehr Kraft und sind seltener gefrustet. Und doch erwischt uns die Trauer in den Momenten, in denen wir es am wenigsten erwarten. Jeder Trennungsprozess kann Trauer erzeugen, die Zeit zum Heilen braucht.

Versuchen Sie nicht, sich die Trauer auszureden oder Ihren Entschluss infrage zu stellen, weil Ihre Trauer Sie verwirrt. Wenn Sie Trauer als integralen Bestandteil jedes Trennungsvorgangs begreifen, bringen Sie sie schneller hinter sich und finden schneller zum Seelenfrieden und zur Freude zurück, die Ihnen die Beziehung geraubt hatte.

Wie Sie sehen, kann es eine Herausforderung sein, Menschen aus seinem Leben zu streichen, es lohnt sich aber, weil Sie nun mehr Zeit haben für die Menschen, auf die es wirklich ankommt.

Im nächsten Kapitel geht es um den vierten Bereich, in dem Sie Ihren Geist aufräumen können, um Stress und Ängste zu reduzieren.

Also, los geht's!

TEIL IV
Umgebung aufräumen

Vom Wert, seine Umgebung zu entrümpeln

„Würden sich die Menschen wirklich auf das konzentrieren, was wichtig ist im Leben, wären Angelruten bald ausverkauft."

Doug Larson

Ihre Entscheidung, worauf Sie jeden Tag Ihre Zeit verwenden, bestimmt letztendlich Ihre Lebensqualität. Das klingt selbstverständlich, und doch untersuchen viele einfach nicht genau, was sie Tag für Tag in jedem Augenblick so tun.

Es stimmt doch – wir lassen Zufall, Langeweile und andere Leute darüber bestimmen, wie wir den größten Teil unserer Zeit verbringen. Wir reagieren auf das, was auf uns zukommt, statt achtsam darüber zu entscheiden, wie wir unsere Leben gestalten wollen.

Wir sprachen bereits darüber, wie Sie Ihre Werte festlegen, Ihre Prioritäten, Ihre Ziele und wie Sie Ihre Berufung finden. All das hilft Ihnen, Ihren Alltag zielgerichtet zu strukturieren. Sie können allerdings nicht immerzu den Blick auf diese großen Vorhaben richten, allein schon deshalb nicht, weil Sie einen Großteil Ihrer Zeit mit sinnlosen Aufgaben verbringen, die zum Gefühl der Überforderung, der Leere und der mentaler Vermüllung beitragen.

Wir klammern uns an Sachen, an Routine, an Umgebungen. Wir lassen unsere Wohnungen Museen unserer Moden werden und sammeln im Laufe der Jahre immer mehr Zeug an. Wir sind besessen von Technik und vergeuden Stunden mit sozialen Medien, wir nehmen Selfies auf und „sharen" sie, wir dokumentieren jede Banalität unseres Alltags.

Wollen Sie also gänzlich von der Entrümpelung des mentalen Mülls profitieren, müssen Sie auch diese banalen, aber potenziell überflüssigen Aspekte des Alltags angehen. Diese geistlosen Aufgaben sind die kleinen Risse in der Staumauer, durch die Ihre Kraft und Freude versickern. Ein paar Änderungen, und Sie können diese Ritzen kitten und Ihren Tank neu füllen.

Im Folgenden geht es um den ersten Schritt dieses Prozesses – wie Sie Ihre unmittelbare Umgebung aufräumen, um mentalen Raum für wichtige Ziele und Menschen zu schaffen.

Vereinfachen Sie Ihr Zuhause

*„Holen Sie sich nichts ins Haus, das nicht nützlich
ist oder das Sie nicht schön finden."*

William Morris

Ihr Haus sollte Ihr sicherer Hafen sein – ein Ort, an dem Sie sich wohl, sicher und in Ordnung fühlen. Wie aber soll das gehen, wenn Ihr Haus mit Kram vollgemüllt ist?

Forscher des Neuroscience Institute der Princeton University veröffentlichten die Ergebnisse einer von ihnen durchgeführten Studie in „The Journal of Neuroscience", die sich direkt auf organisiertes und klares Wohnen beziehen. Ihrem Bericht, „Interactions of Top-Down and Bottom-Up Mechanisms in Human Visual Cortex" zufolge

„... konkurrieren multiple gleichzeitige Reize im Sichtfeld um neuronale Repräsentation, indem sie gegenseitig ihre evozierte Aktivität im gesamten visuellen Kortex behindern. Sie stellen somit eine neuronale Entsprechung der begrenzten Verarbeitungsleistung des visuellen Systems dar."

Anders gesagt: Wenn Ihre Umgebung vollgestopft ist, schränkt dieses visuelle Chaos Ihre Konzentrationsfähigkeit ein. Die Masse an Reizen beschränkt ebenfalls die Fähigkeit des Gehirns, Informationen so gut zu verarbeiten, wie das in einer aufgeräumten, organisierten und übersichtlichen Umgebung der Fall ist.

Stellen Sie sich einmal ein Zimmer mit nur wenigen Möbelstücken vor, ohne jeden Schnickschnack und Nippeskram. Das Zimmer ist klein, aufgeräumt, minimalistisch.

Setzen Sie sich in Gedanken in dieses Zimmer. Was empfinden Sie?

Nun stellen Sie sich ein Zimmer vor, voll mit Möbelstücken, auf Tischen gestapelten Zeitschriften und Büchern, und überall stehen kleine Figürchen und anderer Kram.

Wie fühlt es sich an, in diesem Zimmer zu sitzen?

Unordnung raubt Ihnen die Konzentration. Sie sind überfordert, abgelenkt, durcheinander. Ihr Gehirn ist so sehr damit beschäftigt, all die visuellen Reize zu verarbeiten, dass Sie den Augenblick nicht mehr genießen können.

Vermutlich hängen Sie voller Sentimentalität an vielen Sachen in Ihrem Haus. Wir raten Ihnen, eine neue Haltung einzunehmen in Bezug auf Unordnung und darauf, wie sie sich auf Ihre geistige Gesundheit auswirkt. Das Haus aufzuräumen kann ein Prozess von mehreren Tagesmärschen sein – bis Sie bereit sind, sich von Sachen zu verabschieden. Indem Sie den Prozess nur anstoßen, werden Sie schon von seinen positiven Auswirkungen auf Ihre Kraft und Ihre Geisteshaltung überrascht sein.

Steve und Barrie beschreiben in ihrem Buch „10-Minute Declutter: The Stress-Free Habit for Simplifying Your Home", wie man ein Haus aufräumt. Das Buch zeigt Ihnen, wie man Ordnung schafft und jedes einzelne Zimmer im Haus organisiert.

Ein Haus aufzuräumen geht schneller, als Sie denken – und auch ganz ohne das Gefühl der Überforderung –, wenn Sie das abschnittsweise und jeden Tag angehen. Nehmen Sie sich jeden Tag 10 Minuten Zeit, um Ordnung zu schaffen, und in wenigen Wochen schon ist Ihr Haus aufgeräumt.

Folgender 10-Schritt-Prozess hilft Ihnen, damit anzufangen:

1. Finden Sie ein Zwischenlager

Sie brauchen einen Platz, an dem Sie alle Sache zwischenlagern, die Sie anderswo aufbewahren möchten oder weggeben wollen. Finden Sie ein Zimmer oder einen Platz im Haus, wo Sie alles unterbringen können, bis Sie so weit sind. Sie können – statt eines Hauptlagers – so ein Zwischenlager in jedem Zimmer einrichten, sofern es Ihnen nichts ausmacht, dass eine Zimmerecke vollgemüllt wird.

2. Stellen Sie Kisten in die Zwischenlager

Sie brauchen unterschiedlich große Kisten für die Sachen, die Sie verschenken, spenden oder auf den Speicher tragen möchten. Als Zwischenlager reichen günstige Kartons völlig aus. Später können sie haltbarere Kisten kaufen.

3. Halten Sie Wecker, Notizbuch und Stift bereit

Sie arbeiten jeweils nur für 10 Minuten. Stellen Sie einen Wecker, dann wissen Sie, wann Sie aufhören müssen. Sie werden überrascht sein, was in 10 Minuten alles geht! Halten Sie beim Aufräumen und Organisieren auch ein Notizbuch und einen Stift bereit.

Sie müssen sich vielleicht Notizen machen, was Sie noch kaufen müssen, oder Ideen aufschreiben, was Sie lagern, was Sie spenden und was Sie verkaufen wollen.

4. Erstellen Sie einen Zeitplan

Wenn Sie sich jeden Tag 10 Minuten Zeit zum Aufräumen nehmen, integrieren Sie eine Gewohnheit in Ihren Alltag. Das ist nicht immer einfach. Gewohnheiten zu etablieren braucht ein paar Tricks, um nicht vorschnell aufzugeben. Bestimmen Sie eine feste Uhrzeit, an der Sie Ihre Aufräumaktion durchführen. Am besten schließen Sie sie gleich an eine bereits bestehende Gewohnheit an wie etwa der morgendlichen Kaffeepause oder dem Zähneputzen. Die bestehende Gewohnheit löst dann die neue Angewohnheit des Aufräumens aus. Belohnen Sie sich jedes Mal, wenn Sie aufgeräumt haben.

5. Fangen Sie dort an, wo Sie die meiste Zeit verbringen

Wenn Sie nicht wissen, wo Sie mit dem Aufräumen und Organisieren anfangen sollen, beginnen Sie einfach dort, wo Sie die meiste Zeit verbringen. Gewöhnlich ist das die Küche, das Schlafzimmer oder das Wohnzimmer. Haben Sie es mit einem Zimmer geschafft, das Sie oft benutzen, macht Sie das zufrieden – und verleiht Ihnen neben Seelenfrieden auch einen gewaltigen Energieschub.

6. Legen Sie Ihr System fest

Um die Arbeit auf 10 Minuten pro Tag zu beschränken, gehen Sie doch von oben nach unten oder von links nach rechts vor. Beginnen Sie beispielsweise in Ihrer Küche mit den oberen Regalen in den Schränken und räumen und putzen Sie zuerst die Regale auf der linken Seite, dann erst die auf der rechten.

Nehmen Sie alles aus den linken Regalseiten und sortieren Sie sehr schnell aus, was Sie dorthin zurückstellen möchten. Wischen Sie das Regalbrett sauber und stellen Sie die gewünschten Sachen zurück. Die restlichen Gegenstände geben Sie in die dafür vorgesehenen Kisten zum Verschenken, Verkaufen, Spenden oder für die anderweitige Lagerung. Gehen sie genauso bei den Schubladen vor – schütten Sie alles aus, sortieren Sie aus, was Sie unbedingt behalten möchten, wischen Sie die Lade aus, legen Sie die ausgesuchten Sachen hinein und packen Sie den Rest in die dafür vorgesehenen Kisten.

7. Nur kein Zaudern

Einer der Gründe, warum das Aufräumen so schwerfällt, ist die Unfähigkeit zu entscheiden, was wegkommt und was nicht. Für diese Konfusion gibt es Millionen Gründe, aber man muss gegen dieses Zögern direkt vorgehen, wenn man aufräumen will.

Deshalb raten wir dazu, nur das zurück ins aufgeräumte Regal zu stellen, was Sie auf jeden Fall behalten wollen. Werfen Sie alles weg, was Sie keinesfalls länger brauchen oder wollen. Wenn Sie sich nicht sicher sind oder etwas nur selten nutzen, legen Sie es in eine Kiste zur Lagerung – hier entscheiden Sie sich später. Beschriften Sie die Kiste, verschließen Sie sie, stellen Sie sie in einen Abstellraum.

8. Machen Sie schnell

Ist Ihnen je aufgefallen, wie schnell Sie sich beim Putzen oder Aufräumen ablenken lassen? Sie nehmen etwas in die Hand, betrachten es, denken darüber nach, fragen sich, was Sie damit machen sollen. Mit dem 10-Minuten-System machen Sie sich selbst Druck.

Sie müssen eine bestimmte Aufgabe in einer bestimmten Zeit erledigen. Deshalb ist es so wichtig, dass Sie nur die Sachen zurückstellen, die Sie unbedingt brauchen. Mit den problematischeren Dingen können Sie sich später beschäftigen. Sind sie erst einmal aus dem Blick verschwunden, stellen Sie vielleicht fest, dass Sie sie gar nicht brauchen.

9. Sagen Sie es Ihrer Familie

Informieren Sie alle im Haus, dass Sie sich jetzt ans Aufräumen machen. Oder besser: Bitten Sie sie um Mithilfe, damit es schneller geht. Sie sollten zumindest versprechen, hinter Ihrem Rücken die Regale und Schränke nicht wieder vollzustellen. Kinder finden es toll, bei 10-Minuten-Putzprojekten mitzuarbeiten. Sie haben Spaß daran, eine Aufgabe im Wettlauf gegen die Zeit zu erledigen.

10. Haben Sie Freude daran

Selbst die geringste Leistung kann uns zufrieden und stolz machen. Jeden Tag erreichen Sie etwas, das Sie einem ordentlichen, organisierten und aufgeräumten Haus näher bringt. Anstatt aber diese Tagesleistung einfach nur als Mittel zum Zweck zu betrachten, genießen Sie jeden einzelnen dieser 10-Minuten-Zeitabschnitte. Legen Sie Musik auf, haben Sie Spaß! Belohnen Sie sich, wenn Sie fertig sind – eine Tasse Tee, ein paar Minuten lesen oder ein Spaziergang.

Marie Kondo, die Autorin des Buchs „Magic Cleaning: Wie richtiges Aufräumen Ihr Leben verändert" meint, die Räume, in denen wir leben, sollten zu dem passen, zu dem wir gerade werden, nicht zu dem, der wir in der Vergangenheit gewesen sind.

Haben Sie eine enge Verbindung zu Ihrer Vergangenheit, sei es durch Gedanken oder das Zeug im Haus, führt das zu Leid. Lassen Sie los. Werfen Sie die materiellen Dinge weg, die Sie belasten. Konzentrieren Sie Ihren Geist und Ihren Alltag auf die Gegenwart. Dann sind Sie befreit und unbelastet.

Vereinfachen Sie Ihr digitales Leben

Die Fortschritte in der digitalen Kommunikationstechnologie haben uns viel Gutes gebracht. Unser Leben hat sich vereinfacht, es ist schneller und effizienter geworden. Wir haben aber mit unserer Affenliebe zu digitalen Geräten einen Wendepunkt erreicht.

Heute sind wir von der Technik besessen, sie wirkt sich auf jeden einzelnen unserer Lebensbereiche aus. Wir sind zu Sklaven der Geräte geworden, die eigentlich unser Leben erleichtern sollten. Wir ziehen schnelle Information auf Knopfdruck und Unterschichten-Unterhaltung Interaktionen und Erfahrungen in der echten Welt vor.

Wir verbringen Stunden mit den sozialen Medien. Unsere Eingangsboxen werden von E-Mails überflutet. Unsere Desktops sind zugemüllt. Unsere Laptops platzen vor immer neuen Dateien, Fotos und Downloads aus allen Nähten. So viel können wir uns im ganzen Leben nicht mehr ansehen!

Digitales „Zeug" hat so eine heimtückische Art, unsere Zeit mit unwichtigen Aktivitäten zu beanspruchen. Genau wie physischer Krempel in unserem Haus erzeugt Datenkrempel Gefühle der Angst, der Aufregung und der Überforderung.

Im Buch „10-Minute Digital Declutter: The Simple Habit to Eliminate Technology Overload" erinnern uns Barrie und Steve:

„Wenn Sie die Zeiten zusammenzählen, die Sie auf jedes dieser digitalen Geräte verwenden, und das jeden Tag, sind Sie vermutlich mit der digitalen Welt enger verbunden als mit Ihrem Ehepartner, Ihren Kindern oder Freunden. Sie wissen, dass etwas im Ungleichgewicht ist, und schauen dennoch jedes Mal, wenn sich auch nur die Gelegenheit dafür bietet (oder auch, wenn nicht), schnell auf Ihr Smartphone. Wollen Sie denn wirklich so leben?"

Aus diesem Buch empfehlen wir einige Aktionen, die Ihnen helfen können, Ihre digitalen Angewohnheiten aufzuräumen.

Wie verbringen Sie Ihre digitale Zeit?

Betrachten Sie ganz realistisch die Zeit, die Sie digital verbringen. Zweifelsohne sind manche Online-Aktivitäten sowohl im persönlichen als auch im beruflichen Alltag unverzichtbar. Aber es gibt auch die Stunden, die Sie einfach nur im Netz surfen, Spiele spielen und die sozialen Medien checken.

Blicken Sie einmal zurück auf Ihren Tag und auf die unnötige Zeit, die Sie im Netz verbracht haben. Besser noch: Dokumentieren Sie Ihre digitale Aktivität im Laufe eines Tages. Es wird Sie überraschen, wie viele Ihrer Erlebnisse rein digitaler Natur waren.

All der digitale Input führt zu Unruhe und zu Suchtverhalten, wodurch Sie sich immer weniger mit sinnvollen Dingen beschäftigen, die Ihnen Kraft verleihen statt sie zu rauben.

Wie aber reduzieren Sie Ihre Online-Zeit?

Beginnen Sie, 1 Stunde am Tag als definitiv digitalfrei einzuplanen. Schalten Sie den Computer ab und legen Sie Ihr Handy in die Schublade. Doch was können Sie tun, wenn sie digital nicht abgelenkt werden?

Wir schlagen vor, Sie

- lesen ein Buch,

- gehen spazieren,

- machen Sport,

- sprechen mit einem Freund,

- verbringen Qualitätszeit mit Ihrem Partner und den Kindern,

- machen etwas Kreatives, etwa schreiben oder zeichnen,

- lernen eine neue Fähigkeit,

- meditieren,

- hören Musik,

- fahren Rad,

- beenden ein Projekt.

Tun Sie etwas Reales, Gegenwärtiges und Positives, um das Gefühl der Sinnentleerung durch das digitale Versumpfen sowie die Schuldgefühle zu vermeiden, die sich nach zu viel digitaler Zeit häufig einstellen.

Wie unaufgeräumt sind Ihre Geräte?

Digitale Unordnung entsteht still und heimlich, sie ist nicht so offensichtlich wie in einem unaufgeräumten Haus. Bevor Sie sich versehen, ist Ihr Desktop zugepflastert mit Icons, läuft Ihre E-Mail-Eingangsbox über und Ihre Dateien und Ordner sind so unübersichtlich geworden, dass nur noch eine Dschungelexpedition darin etwas findet.

Wenn es Ihnen wie uns geht, hängt Ihr Leben vom Inhalt Ihres Computers ab. Das klingt dramatisch, doch wenn Sie sämtliche beruflichen und persönlichen Dokumente im Computer aufbewahren, dann wissen Sie auch, wie wichtig dieses Gerät für Sie geworden ist.

Deshalb werden unsere Computer so leicht zur digitalen Entsprechung eines Hamsterrads. Unser Versuch, bestimmte Dateien oder E-Mails aufzuspüren, vergeudet Zeit und verursacht jeden Tag Frust und Angst.

Das Smartphone ist ja nur ein weiterer Mini-Computer, den Sie in der Tasche oder der Brieftasche mit sich herumschleppen. Und eine zusätzliche Gelegenheit, digitales „Zeug" zu horten – Apps, Fotos, Newslinks und Spiele.

Wenn Ihre Geräte aus allen Nähten platzen, dann spüren Sie die Last dieses Exzesses, ob Sie sich dessen bewusst sind oder nicht. Wenn Sie sich jeden Tag nur 10 Minuten Zeit nehmen und beginnen, die Unordnung zu löschen, werden Sie sich leichter und unbelasteter fühlen.

Wir raten Ihnen, dort anzufangen, wo Sie den größten Nutzen erwarten, wenn Sie Ihr Gerät aufräumen. Wenn Sie täglich gefrustet sind, weil Sie ein bestimmtes Dokument nicht mehr finden, starten Sie dort. Beginnt Ihr Herz zu pochen, wenn Sie die Tausende von E-Mails in der Eingangsbox sehen, ist da der richtige Ort. Wichtig aber ist: Fangen Sie an!

Wie lautet Ihr digitaler Geisteszustand?

Sie wissen längst, dass Ihre digitalen Geräte (oder besser gesagt: was drin ist) bei Ihnen geistigen Stress und Unruhe verursachen. Keiner gibt es gern zu, aber wir wissen alle, wie sehr unser Alltag schon lange von der digitalen Welt durchdrungen ist.

Das ist keine Modeerscheinung, die wieder vorbeigehen wird. Es ist eine Tatsache, und sie wird sich in den kommenden Jahren ausweiten. Es liegt alleine an Ihnen, wie Sie mit dem Eindringen der digitalen Welt in Ihr Leben und den Auswirkungen auf Ihren geistigen Zustand umgehen. Jetzt müssen Sie Ihre Werte und Entscheidungen in Bezug auf Ihr digitales Leben treffen.

Wenn Sie sich ein „digitales Wertesystem" zurechtlegen, schaffen Sie persönliche Grenzen, die zu Ihrem Zeit- und Ordnungsmanagement beitragen (sowohl mental als auch digital).

Folgende Fragen können Sie sich stellen, um Ihre digitalen Grenzen festzulegen:

- Wie viel Zeit am Tag muss ich für meinen Beruf notwendigerweise mit meinen Geräten verbringen?

- Habe ich einen Beruf, der mich dazu zwingt, mehr Zeit als gewollt hinter dem Computer zu verbringen?

- Wie kann ich bei der Arbeit mehr Zeit persönlich mit meinen Kollegen verbringen?

- Wie viel Zeit will ich zu Hause am Computer arbeiten?

- Wie viel Zeit will ich zur Unterhaltung mit den sozialen Medien verbringen?

- Wie viel Zeit will ich zur Unterhaltung mit dem Smartphone verbringen?

- In welchen Situationen ist ein Anruf oder Besuch angebrachter als eine E-Mail?

- Welche Freundschaften im realen Leben habe ich vernachlässigt, was kann ich jetzt für sie tun?

- Welche Übereinkunft sollten wir als Familie oder Freunde haben, wie wir bei einem Treffen mit unseren Smartphones, iPads oder Laptops umgehen?

- Welche Familienzeit (etwa gemeinsames Abendessen) soll so sakrosankt und persönlich werden, dass digitale Geräte nicht mehr erlaubt sind?

- Welche Grenze, welche Regeln stelle ich für meine Kinder und deren digitale Geräte auf?

- Wie kann ich meinen Kindern in Bezug auf diese Regeln ein Vorbild sein?

- Was sind meine fünf Lieblingssachen, die ich in einer Pause mache?

- Wie kann ich dem Drang wiederstehen, „ins Netz zu gehen" oder die sozialen Medien zu checken, selbst wenn ich das gerade gar nicht will?

- Wie gehe ich mit meiner digitalen Unordnung um, bevor sie mir über den Kopf wächst?

Verwenden Sie Ihre Antworten auf diese Fragen, um Ihre Werte und persönlichen Verpflichtungen im Hinblick auf die Zeit und Kraft aufzuschreiben, die Sie Ihren Geräten widmen wollen. Manchmal werden Sie vermutlich „aus der Spur" kommen, aber nun steht Ihnen ein Gleis für die Weiterfahrt zur Verfügung.

Vereinfachen Sie Ihre Aktivitäten

„Man darf nie den Wert des Nichtstuns unterschätzen,
des einfachen Weitergehens, des Lauschens auf die Dinge,
die man nicht hören kann, der Sorglosigkeit."

Pu der Bär

Wie oft haben Sie auf die Frage: „Wie geht es dir?" geantwortet: „Ich habe viel zu tun. Ich dreh noch durch!" Wann haben Sie – oder ein Bekannter – die Frage: „Wie geht es dir?" mit „Das Leben ist so toll! Ich bin echt entspannt und mache gerade absolut nichts!" beantwortet?

Wir sind immerzu in Eile – schaffen, schaffen, schaffen.

Aber wozu?

Warum schreiben wir uns To-do-Listen, die wir abarbeiten wollen, damit wir endlich die freie Zeit genießen können, die sowieso nie kommt?

Wir fühlen uns irgendwie schuldig, wenn unsere Zeit nicht mit „produktiven" Aktivitäten vollgestopft ist, die entweder unser Einkommen oder unser Ego aufblähen. Tun wir längere Zeit nichts, haben wir das Gefühl zu versagen, und dennoch entwickeln wir ständig Techniken, Geräte und Instrumente, die uns Zeit sparen wollen. Die Zeit, die wir deshalb frei haben, vergeuden wir an die Angst, wir täten nicht genug.

Einem 2014 in „The Economist" erschienenen Artikel zufolge unterstützen individualistische Kulturen, die Leistung stärker betonen als Zugehörigkeit, die Einstellung, Zeit sei Geld. Das drängt dazu, jeden Moment zu nutzen, wie Harry Triandis feststellt, ein Sozialpsychologe an der University of Illinois.

Rennen Sie wie ein kopfloses Huhn herum, haken Sie gedankenlos Posten auf Ihrer Liste ab, nur um das Gefühl zu haben, heute etwas getan zu haben und etwas wert zu sein?

Manchmal übernimmt unser Tagesplan unser Leben, wir stellen uns gar nicht mehr die Frage, ob wir unsere Zeit nicht so verbringen, dass nur zusätzlicher mentaler Müll und kraftraubender Stress entstehen.

Wir verfangen uns im Hamsterrad der Aufgaben und Verpflichtungen und haben keine Zeit mehr für die kleinen Dinge, die uns gegenwärtig und voll da sein lassen.

Omid Safi, der Leiter des Zentrums für Islamstudien an der Duke University, fragt sich in einem Beitrag für den Blog „On Being with Krista Tippet", was aus der Welt geworden ist, in der wir mit unseren Lieben zusammensaßen und uns ganz gemütlich über unseren Herz- und Seelenzustand unterhielten, mit Gesprächen, die sich allmählich entwickelten, und mit bedeutungsschwangeren Pausen und einem Schweigen, in das nicht sofort jemand hineinbrüllte? Wie haben wir nur, so fragt er weiter, eine Welt erschaffen, in der immer mehr und mehr zu tun ist in immer weniger Freizeit, weniger Zeit zum Nachdenken, Zeit für die Gemeinschaft, Zeit, um einfach nur zu sein?

Es gibt keinen Zweifel daran, dass man nur schwer aus der Falle des Beschäftigtsein ausbrechen kann. Man hat uns eine Gehirnwäsche verpasst – wir glauben, dass „Nichtstun die Wurzel allen Übels" sei. Das soll nicht heißen, dass harte Arbeit, Produktivität und ein aktives Leben schlecht sind. Im Gegenteil: Sie tragen zu einem erfüllten und glücklichen Leben bei. Aber es gibt einen gewissen Punkt, ab dem das Gegenteil eintritt: Sie fühlen sich ausgelaugt und überfordert.

Wenn Sie auf unbedeutende Aktivitäten verzichten, kann sich das zuerst falsch anfühlen, vielleicht sogar bedrohlich. Was denken die Leute, wenn ich damit aufhöre? Schmälert sich mein Einkommen? Werde ich für faul gehalten? Fallen meine Kinder zurück? Bricht meine Welt auseinander?

Beim Verzicht liegt der erste Schritt darin, überhaupt zu begreifen, dass Verzicht sinnvoll ist – dass das dauernde Beschäftigtsein Sie geistig zumüllt. Akzeptieren Sie, dass weniger mehr sein kann.

Die nun folgenden acht Strategien helfen Ihnen, Ihren Tagesplan so aufzuräumen, dass Sie mehr Zeit für das wirklich Wichtige haben:

Strategie Nr. 1: Setzen Sie Prioritäten bei Ihren alltäglichen Lebensschwerpunkten

Statt zu versuchen, Ihre Lebensschwerpunkte in Ihren geschäftigen Tagesplan „hineinzupressen", schaffen Sie zuerst Raum für Ihre Prioritäten. Lautet eine Ihrer Prioritäten beispielsweise Zeit mit Partner und Kindern, dann nehmen Sie sich jeden Tag Zeit dafür. Lassen Sie sich davon nicht durch gute Gründe abbringen, die Sie schon vorher festgelegt haben.

Bevor etwas „wirklich Wichtiges" eine Priorität verdrängt, holen Sie tief Luft und denken Sie nach. Ist das „wirklich Wichtige" wirklich wichtiger als Ihre Lebenspriorität?

Strategie Nr. 2: Reduzieren Sie Ihre Verpflichtungen

Schreiben Sie alle Ihre persönlichen und beruflichen Verpflichtungen und Aufgaben für die nächste Woche (oder den nächsten Monat, falls bereits bekannt) auf. Können Sie eine davon einfach streichen, ohne dass das Konsequenzen hat? Dann gehen Sie die Liste ein zweites Mal durch: Was können Sie delegieren, verschieben oder kürzen?

Wenn etwas nur deshalb stehen bleibt, weil Sie sich schuldig, verpflichtet fühlen oder die Streichung Ihnen unangenehm ist, lassen Sie es versuchsweise weg und sehen Sie, was passiert. Sie werden feststellen, dass Sie sich befreit fühlen und die schlimmen Folgen, vor denen Sie Angst hatten, gar nicht eintreten.

Strategie Nr. 3: Konzentrieren Sie sich auf die wichtigsten Ziele

Statt im Laufe des Tages eine Riesenliste von Projekten und Aufgaben abzuarbeiten, beschränken Sie sich auf drei Ziele. Erlauben Sie sich, weniger zu tun, das aber mit Absicht, Zeit und Konzentration.

Sie schaffen bestimmt noch mehr, wenn Sie Ihre drei Ziele erreicht haben, aber drei alleine vermitteln Ihnen das Gefühl der Kontrolle, des inneren Friedens und der Leistung ohne das Gefühl, überfordert oder gedrängt zu sein.

Strategie Nr. 4: Zeit ist heilig

Gönnen Sie sich jeden Tag Zeit, um absolut nichts zu tun. Setzen Sie sich in den Sessel und schauen Sie aus dem Fenster, gehen Sie spazieren und lauschen Sie den Vögeln. Sie müssen weder meditieren noch Atemübungen machen, nicht planen, nachdenken oder irgendetwas „tun". Seien Sie bloß.

Versuchen Sie es 5 Minuten mehrmals am Tag. Im Laufe der Zeit fühlen Sie sich damit wohl, 1 Stunde am Tag oder noch länger einfach nur zu sein.

Strategie Nr. 5: Betrachten Sie den Tagesablauf Ihrer Kinder neu

Die Eltern von heute sind weniger gewillt als ihre eigenen Eltern, ihren Kindern unstrukturierte freie Zeit zu lassen. Kinder haben komplexe Tagespläne mit zahllosen außerschulischen Aktivitäten und vorausgeplanten Spielzeiten. Dazu gesellen sich vermehrt Hausaufgaben und die Verlockungen der virtuellen Welt – man wundert sich fast schon, dass Kinder immer noch kreativ spielen, mit der Familie abhängen oder mit ihrer eigenen Vorstellungskraft zufrieden sind.

Kinder – ganz besonders kleine Kinder – brauchen sehr viel freie Zeit für ihre emotionale Gesundheit und ihre geistige Entwicklung. Wie Erwachsene auch leiden Kinder an Angstzuständen, Depressionen und anderen Gesundheitsproblemen, wenn sie sich überfordert fühlen.

Dorothy Sluss, Professorin für grundlegende Erziehung in der frühen Kindheit an der James Madison University und amerikanische Präsidentin der International Play Association, meint, jedes Kind brauche zum Ausgleich für eine Woche durchgeplanter Freizeit oder Ferienzeltlager mindestens drei Wochen unstrukturierte Zeit.

Eltern leiden wie ihre Kinder, wenn deren Alltag völlig verplant ist. Es strengt ganz schön an, seine Kids von Termin zu Termin chauffieren zu müssen. Pläne für mehrere Kinder zu erstellen wirkt sich negativ auf die mentale Kraft aus. Die Angst, Ihr Kind könne beim Fußball oder Ballett nicht so gut sein wie andere, müllt Sie mental nur weiter zu.

Es ist wirklich nicht einfach, die außerschulischen Aktivitäten Ihrer Kinder einzuschränken – besonders in unserer Kultur, die den Wettbewerb schon der Allerkleinsten belohnt. Sie tun sich und Ihrem Kind aber einen Gefallen, wenn Sie das Gleichgewicht zwischen bereichernder Aktivität und völligem Nichtstun finden.

Strategie Nr. 6: Machen Sie rechtzeitig Feierabend

Laut einem Artikel in der „Los Angeles Times" verbringen Amerikaner mehr Zeit am Arbeitsplatz als Menschen irgendwo sonst in der industrialisierten Welt – mit Ausnahme von Korea. Sie haben viel weniger Urlaubstage als die Europäer.

In den letzten Jahren habe sich, so liest man, bei den meisten Amerikanern das Arbeitsaufkommen bei gleichbleibendem Lohn verdoppelt.

Aber dann heißt es dort weiter, zahllose Studien hätten ergeben, dass Menschen, die zu viel Zeit mit ihrem Beruf verbringen, entweder aus freier Wahl oder erzwungenerweise, nicht mehr effizient arbeiteten. Mit seltenen Ausnahmen würden sie ausbrennen und ihre Kreativität verlieren.

Verbringen Sie mehr Zeit als verlangt in Ihrem Job oder opfern Sie andere Lebensprioritäten der Zeit am Arbeitsplatz, sollten Sie Ihre Arbeitsstunden neu überdenken. Das ist gerade dann wichtig, wenn Sie unternehmerisch tätig sind oder zu Hause arbeiten wie Steve und Barrie.

Selbst wenn Sie mit Leidenschaft arbeiten, löst Überforderung emotionale Gesundheitsprobleme aus, sofern die Arbeit nicht durch den Rest ausgeglichen wird, durch Beziehungen und andere entspannende Aktivitäten.

Wenn Sie exzessiv lange arbeiten, reduzieren Sie diese Zeit schrittweise, zuerst vielleicht an einem Tag pro Woche. Gehen Sie pünktlich in den Feierabend oder schalten Sie – wenn Sie zu Hause arbeiten – Ihren Computer punkt 17 Uhr aus. Und dann gehen Sie.

Strategie Nr. 7: Nehmen Sie eine digitale Auszeit

Wir erklärten bereits, dass zu viel digitale Aktivität zu geistiger Unruhe führt. Auch wenn wir unsere Smartphones oder Laptops gerade nicht benutzen, sind sie doch immer in der Nähe und lassen uns keine Ruhe, bis wir nach unseren E-Mails geschaut haben, kurz in Facebook nachsehen oder schnell noch eine Spiele-App downloaden.

Auch unsere Eltern hatten jede Menge Ablenkung, aber doch nicht die Gewohnheit, das Telefon noch mit aufs Klo zu nehmen, wie wir es heute tun. Es ist längst zur Ausnahme geworden, ohne Handy am Ohr oder Finger an der Tastatur die Straße entlangzuspazieren.

Vielleicht hyperventilieren Sie, wenn Sie auch nur dran denken, aber die beste Weise, mentale Klarheit zu erlangen, ist eine regelmäßige digitale Auszeit ohne Zugang zum Smartphone, zum Tablet, zum Computer oder zu einem beliebigen anderen, mit dem Internet verbundenen Gerät.

Beginnen Sie mit einem einzigen Tag oder dem Wochenende oder nutzen Sie Ihren Urlaub als digitale „Entgiftungskur". Entspannen Sie sich, verbringen Sie Zeit mit echten Menschen und machen Sie etwas in der realen Welt. Wenn Sie merken, dass Sie dadurch weniger Stress haben, machen Sie doch regelmäßig solche digitalen Pausen.

Strategie Nr. 8: Meistern Sie die Kraft von Flow und Fokus

Der ungarische Psychologe Mihaly Csikszentmihalyi ist der Pionier der Erforschung des Glücks, der Kreativität und Erfüllung – und des Flow. Er hat diesen Begriff geschaffen, um einen Erlebniszustand zu beschreiben, in dem man sich konzentriert in Tätigkeiten wie Kunst, Spiel und Arbeit versenkt. Er hat darüber den Bestseller „Das flow-Erlebnis: Jenseits von Angst und Langeweile – im Tun aufgehen" geschrieben.

Cziksentmihalyi definiert Flow als „den Zustand, in dem Menschen so sehr mit etwas beschäftigt sind, dass alles andere egal wird; diese Erfahrung ist so angenehm, dass die Menschen trotz Nachteilen weitermachen, einfach, weil es Spaß macht."

Im Zustand des Flow ist jemand völlig versunken in das, was er tut, insbesondere, wenn er etwas Kreatives macht. Er fühlt sich dann „stark, lebendig, mühelos in Kontrolle, unbefangen und auf dem Gipfel des Könnens." Man ist höchst konzentriert und lässt sich nicht ablenken.

Entspannungszeit, die alleine oder mit der Familie verbracht wird, ist ein ideales Gegenmittel gegen mentale Unordnung. Zeit aber, die im Flow verbracht wird, hebt das auf den nächsthöheren Level. Der Zustand im Flow lässt sich mit Meditation vergleichen, in dem Sie und Ihre Aktivität eins geworden sind. Alles, was Sie tun, ist mühelos.

Ihr Geist versenkt sich so in das, was Sie tun, dass Sie sich fast selbst vergessen, weil Sie so im gegenwärtigen Augenblick präsent sind. Nach Csikszentmihalyi ist der Zustand des Flow „die optimale Erfahrung", die Quelle von Glück und Erfüllung.

Er nennt unterschiedliche Voraussetzungen, die zum Flow führen, darunter:

- Es gibt für jeden Schritt des Weges klare Ziele.

- Auf jede Handlung erfolgt sofort eine Reaktion.

- Schwierigkeit und Können sind ausgeglichen.

- Tun und Bewusstheit sind eins.

- Das Bewusstsein blendet Ablenkungen aus.

- Man hat keine Angst zu scheitern.

- Das Ich-Bewusstsein verschwindet.

- Das Zeitgefühl verändert sich.

- Das Tun gerät zum Selbstzweck.

Sie erreichen das durch folgende Schritte:

Finden Sie Ihre Herausforderung

Suchen Sie sich etwas, was Sie gern tun, und finden Sie eine Herausforderung. Das kann alles sein – vom Geigenspiel bis zum Bücherschreiben, Yoga, Golf oder die Konzentration auf ein Projekt bei der Arbeit. Eine Aktivität mit klar umrissenen Regeln oder genau festgelegten Zielen eignet sich am besten, weil sich nie die Frage stellt, was Sie zu tun haben oder wie.

Bilden Sie Ihre Fähigkeiten

Damit Sie die Herausforderung angehen können, müssen Sie Ihre Fähigkeiten entwickeln, bis Sie ein Meister sind. Ist die Aktivität zu einfach, sind Sie bald gelangweilt, Sie schweifen ab und erreichen nie den Zustand des Flow. Ist sie hingegen zu schwer, fühlen sich überfordert und erreichen nie die unterbewusste Kompetenz, die Sie für den Zustand des Flow benötigen.

Setzen Sie eindeutige Ziele

Sie müssen genau festlegen, was Sie mit Ihrer Aktivität erreichen wollen und wann Sie dieses Ziel erreicht haben. Sie könnten beispielsweise sagen:

„Ich schreibe ein Kapitel meines Buchs. Ich weiß, dass ich das erreicht habe, wenn ich weiß, worum es in dem Kapitel gehen soll, die wichtigsten Punkte kenne, die ich aufführen will, die Fakten recherchiere, die ich wissen muss, und dann weiß, wie ich das Material strukturiere."

Konzentrieren Sie sich ganz auf die Aufgabe

Um den Zustand des Flow zu halten, müssen Sie alle Ablenkungen abstellen. Sie wollen ja nicht, dass irgendetwas Ihre Aufmerksamkeit von Ihrer Aufgabe abzieht oder Ihren Zustand unterbricht. Ist die Konzentration erst einmal gebrochen, müssen Sie erneut in den Zustand des Flow kommen.

Haben Sie ausreichend Zeit

Sie brauchen mindestens 15 Minuten, um in den Zustand des Flow zu kommen, und dann noch eine Weile, bis Sie gegenwärtig sind und ganz aufgehen in dem, was Sie tun. Haben Sie erst einmal den Zustand des Flow erreicht, wollen Sie ganz viel Zeit haben, um Ihr Ziel zu erreichen und zum „Gipfelerlebnis" zu gelangen.

Prüfen Sie Ihren emotionalen Zustand

Wenn Sie einfach nicht in den Zustand des Flow kommen können, beachten Sie Ihre Emotionen. Befinden Sie sich in einem aufgewühlten Zustand der Angst, beruhigen Sie sich mit einer Atemübung oder Meditation. Liegt Ihr Kraftpegel niedrig und Sie fühlen sich müde, tun Sie etwas, das Sie belebt – beispielsweise Sport, oder essen Sie einen gesunden Snack oder rufen Sie einen Freund an. Dann geht es zum zweiten Versuch zurück an den Schreibtisch.

Sind Sie im Zustand des Flow hoch konzentriert, befinden Sie sich vollkommen gegenwärtig im Augenblick. In diesen Augenblicken ist Ihr Geist am wenigsten zugemüllt und abgelenkt.

Stellen Sie fest, dass Sie ins Grübeln kommen oder unruhig werden, atmen Sie mehrmals tief durch und begeben Sie sich für eine halbe oder ganze Stunde in einen Zustand des Flow. Nehmen Sie sich ausreichend Zeit, um sich ganz in die Tätigkeit zu versenken. Sie merken, wie Sie das beruhigt. Und Sie werden dadurch produktiver und glücklicher.

Vereinfachen Sie, was Sie ablenkt (um nicht weiter aufzuschieben)

„Hinauszögern gleicht einer Kreditkarte: Es macht Spaß – bis die Rechnung kommt."

Christopher Parker

Wir alle zögern gern hinaus, das Aufschieben stellt allerdings einen der schlimmsten Verstöße bei der Reinigung des Geistes dar. Wenn da „etwas über Ihnen schwebt", werden Sie nie ruhig oder entspannt, weil es beständig an Ihnen nagt.

Wir leben im Zeitalter der immerwährenden Ablenkung. Deshalb zaudern wir mehr als je zuvor. Das Telefon vibriert – wir schauen hin. Eine E-Mail blinkt und wir klicken sie an. Auf unserem Computer sind unzählige Fenster offen, die uns von der gerade anliegenden Aufgabe weglocken.

Jede Ablenkung ist ein Dieb, sie raubt uns unsere Entschlossenheit, das zu tun, was getan werden muss oder was wir ganz tief zu erreichen hoffen. Wir kennen alle die Ausrede, wir würden später anfangen, es morgen erledigen oder es zu Ende bringen, nachdem wir diese Postings auf Facebook gelesen haben.

Die Ablenkung brütet das Aufschieben aus, aber dieses Zaudern ist auch ein Ergebnis von Angst – der Angst vor dem Scheitern und der Angst vor dem Erfolg. Das große „Was wäre wenn?" steht zwischen Ihnen und dem, was Sie tun wollen. Auch wenn die meisten Ängste unbegründet sind, ziehen sie uns doch von unserer Aufgabe weg.

Wir schieben auch auf, weil wir uns vor schwierigen Aufgaben fürchten. Wir wollen unser Hirn nicht anstrengen, die Energie nicht aufbringen, die wir zum Anfangen brauchen. Sie haben selbst schon gemerkt, dass der Anfang am schwersten ist. Einmal angefangen machen Sie einfach weiter. Wenn Sie ständig zaudern, kommen Sie nie so weit.

Das Aufschieben raubt nicht nur wertvolle Zeit und die Dynamik, die wir zum Erreichen unserer Ziele brauchen, sondern auch Kraft und Motivation.

Je länger wir bei etwas Wichtigem zaudern und zögern, desto schlechter fühlen wir uns. Je schlechter wir uns fühlen, desto weniger sind wir motiviert, mit der

Arbeit anzufangen. Je weniger Motivation wir haben, desto mehr schieben wir alles auf die lange Bank. Das ist ein Teufelskreis, der uns in Selbstvorwürfen und Ängsten gefangen hält.

Der erste Schritt, das Aufschieben zu beenden, beginnt damit, sich seine lähmende Wirkung auf den Geist klar vor Augen zu führen.

Überlegen Sie mal: Jeden Tag verbringen Sie mindestens eine Stunde damit, etwas aufzuschieben. Das sind sieben Stunden in der Woche – also praktisch ein ganzer Arbeitstag. Im Jahr gehen also 52 Arbeitstage verloren, weil Sie etwas auf die lange Bank schieben. Was könnten Sie in diesen 52 Tagen alles tun?

Sie könnten

- ein Buch schreiben,

- ein Unternehmen gründen,

- einen Blog schreiben,

- wieder in die Schule gehen,

- Ihre Beziehungen verbessern (und neue knüpfen),

- eine neue Sprache lernen,

- mehrere große Projekte abschließen.

Wenn Sie das davon überzeugt, ab jetzt nichts mehr auf die lange Bank zu schieben, raten wir zu folgenden täglichen Aktionen, die dazu beitragen, an Werktagen mehr geschafft zu kriegen:

1. Planen Sie voraus

Vor dem Zubettgehen oder als Erstes am nächsten Tag bestimmen Sie die erste wichtige Aufgabe dieses Tages. Dann legen Sie die zweite und dritte wichtige Aufgabe fest. Die Aufgaben sollten mit etwas Bedeutendem bei Ihrer Arbeit zu tun haben – wo Sie Fortschritte machen, Geld verdienen, Chancen erkunden. Es sollte sich nicht um Verwaltungsarbeit oder Füllsel handeln.

2. Legen Sie die Gründe fest

Bevor Sie Ihre wichtigste Aufgabe angehen, machen Sie sich bewusst, warum sie so wichtig ist. Worin liegt die positive Motivation dieser Aufgabe? Wie nutzt sie Ihnen? Wie fühlen Sie sich, wenn sie erledigt ist?

Kennen Sie die Gründe Ihres Tuns, hilft Ihnen das, auch dann weiterzumachen, wenn Sie erschöpft oder abgelenkt sind. Sie können sich diese Gründe aufschreiben, damit sie als Erinnerung immer zur Hand sind.

3. Planen Sie kleine Schritte

Unterteilen Sie Ihre erste wichtige Aufgabe in kleinere Handlungen und Unteraufgaben, die zum Abschluss Ihrer Hauptaufgabe nötig sind. Schreiben Sie die Schritte auf, legen Sie den Schwerpunkt auf alle Arbeiten, die zum Abschluss der Hauptaufgabe nötig sind. Schätzen Sie dann ein, wie lange Sie für jeden Schritt brauchen, und schreiben Sie das auf.

4. Legen Sie einen Zeitplan fest

Zu welcher Zeit des Tages sind Sie am produktivsten oder am kreativsten? Bei Barrie ist es der frühe Morgen, wenn sie ausgeschlafen ist. Ihre produktivste Zeit kann aber der Nachmittag sein. Organisieren Sie die einzelnen Arbeitsschritte so, dass Sie das Beste aus Ihrer produktivsten Zeit machen.

5. Legen Sie zurecht, was Sie brauchen

Legen Sie sich alles zurecht, was Sie brauchen, bevor Sie sich an die Arbeit machen. Holen Sie Kaffee, Wasser oder Tee, stellen Sie das auf den Schreibtisch. Stellen Sie sich einen Snack hin, etwa Mandeln, eine Banane oder ein paar Karotten, damit Sie nicht mit leerem Magen arbeiten. Knipsen Sie das Licht an oder aus. Der Schreibtisch sollte aufgeräumt sein.

6. Wiederholen Sie den Prozess

Nimmt Ihre Schwerpunktarbeit an diesem Tag nur zwei Stunden in Anspruch, wenden Sie sich Aufgabe zwei zu. Wiederholen Sie die oben beschriebenen Schritte. Ist Aufgabe zwei erledigt, machen Sie sich an die dritte.

7. Weg mit allem, was ablenkt

Das ist von enormer Bedeutung, wenn Sie konzentriert bleiben wollen. Als Barrie ins College ging, suchte sie immer den „Studierschrank" in ihrem Studentenwohnheim auf. Das war ein winziges Zimmer mit einem Schreibtisch und einer Lampe. Wollte sie einen Aufsatz schreiben oder sich ernsthaft auf eine Prüfung vorbereiten und sich nicht ablenken lassen oder weiter aufschieben, ging sie dorthin.

Finden auch Sie einen Raum, in dem Sie ohne Unterbrechungen arbeiten können. Stellen Sie das Telefon ab. Schließen Sie alle Browser auf Ihrem Computer. Stellen Sie den Ton ab, damit Sie das Geräusch eingehender E-Mails nicht mehr mitkriegen. Kleben Sie ein Schild „Bitte nicht stören" an die Tür.

8. Beginnen Sie mit Achtsamkeit

Bevor Sie den ersten Zwischenschritt zur wichtigsten Aufgabe des Tages in Angriff nehmen, schließen Sie die Augen, atmen Sie ein paarmal tief ein und entschließen Sie sich, die Aufgabe schnell und effektiv zu erledigen.

Stellen Sie sich dabei vor, wie Sie es schaffen und wie es Ihnen geht, wenn alles erledigt ist. Vermeiden Sie es, diese Übung als weitere Möglichkeit des Hinauszögerns zu betrachten. Stattdessen verwandeln Sie sie in eine 1- bis 2-minütige mentale Vorbereitung zum Arbeitsbeginn.

9. Stellen Sie den Wecker

Wenn es Ihnen schwerfällt, sich zu konzentrieren, stellen Sie einen Wecker auf 20 bis 30 Minuten (oder weniger, falls es Ihnen wirklich schwerfällt). Arbeiten Sie in dieser Zeit eifrig. Wenn der Wecker dann klingelt, machen Sie eine kleine Pause, strecken sich, gehen ein paar Schritte – tun Sie, was immer Sie erfrischt. Nutzen Sie die Zeit nicht, um E-Mails zu checken, ein langes Telefonat zu erledigen oder etwas zu tun, das von Ihrer produktiven Zeit abgeht.

Eine Methode, auf die Steve zurückgreift, um sich mithilfe eines Weckers besser zu konzentrieren, geht folgendermaßen: Er nutzt die „Pomodoro-Technik", bei der man sich 25 Minuten lang auf eine Aufgabe konzentriert, dann 5 Minuten Pause macht, dann erneut 25 Minuten lang arbeitet. Diese Technik kann ganz schön aufreiben, aber sie ermöglicht auch eine laserscharfe Konzentration bei wichtigen Aufgaben.

10. Planen Sie längere Pausen

Zwischen Ihren drei wichtigsten Aufgaben legen Sie längere Pausen zwischen 15 Minuten und einer Stunde (für das Mittagessen) ein. Tanken Sie in diesen Pausen neue Kraft – machen Sie etwas Sport, meditieren Sie oder reden Sie stressfrei mit jemandem, den Sie mögen.

11. Belohnen Sie sich

Haben Sie eine der Hauptaufgaben oder einen Zwischenschritt abgeschlossen, belohnen Sie sich entweder mit einer der bereits angesprochenen Pausen und checken Sie – nur für kurze Zeit, etwa 10 bis 15 Minuten – Ihre E-Mails, Anrufe oder die sozialen Medien. Sie können genausogut etwas anderes machen, das Sie motiviert.

12. Planen Sie die stumpfsinnigen Arbeiten

Neben den drei wichtigen Hauptaufgaben gibt es jeden Tag Dutzende von stumpfsinnigen Arbeiten zu erledigen. Wenn Sie morgens gleich Ihre E-Mails checken müssen, dann erledigen Sie das in einer bestimmten Zeit (10 bis 15 Minuten).

Stellen Sie den Wecker. Klingelt er, dann gehen Sie zu Ihrer Hauptarbeit über, selbst wenn Sie noch nicht alle E-Mails gelesen haben. Sie können später weitermachen, sobald Sie mit Ihren Hauptarbeiten fertig sind. Andere eher stumpfsinnige Arbeiten wie Ablage und alles, was nicht zu viel geistige Kraft erfordert, legen Sie bewusst auf Ihre unproduktivsten Stunden.

Vereinfachen Sie Ihre Handlungen

„Trinke den Tee langsam und mit Respekt, als sei er die Achse, um die die Welt sich dreht – langsam, gleichmäßig, ohne in die Zukunft zu hasten, lebe den gegenwärtigen Augenblick. Nur dieser Augenblick ist dein Leben."

Thích Nhat Hanh

Was, wenn Sie immer im beschriebenen Zustand des Flow bleiben könnten, in dem Sie ganz aufgehen, um Teil Ihrer Aufgabe zu werden? Das wäre ein erhebender, transformativer Zustand – aber Sie würden verhungern, Ihre Rechnungen nicht mehr zahlen und das Duschen vergessen.

Das echte Leben verlangt, sich auch mit den banalen und dennoch lebenswichtigen Dingen des täglichen Überlebens in einer durchorganisierten Gesellschaft zu beschäftigen. Das sind die Sachen, die wir irgendwie „erledigen" müssen, um die wirklich tollen Sachen (die sich individuell unterscheiden) zu machen.

Wenn Sie nicht in einer Höhle hausen oder im Kloster leben, dann nehmen diese Aufgaben „der realen Welt" viel Zeit und Kraft in Anspruch. Selbst wenn Sie sie einschränken können, können Sie ihnen ohne schwerwiegende und unangenehme Folgen kaum entkommen.

Aber vielleicht ist es gar nicht nötig, ihnen auszuweichen, um den Geist aufzuräumen und das Leben zu genießen? Lenken Sie einfach Ihre Achtsamkeit auf alles, was Sie tun, auch auf die unangenehmen, drögen oder neutralen Aktivitäten des Alltags

Thích Nhat Hanh rät, während Sie über die Aufgaben des vor Ihnen liegenden Tages nachdenken, den Tee nicht einfach zu schlürfen, sondern ihn so zu trinken, als sei er das Wichtigste von der Welt (solange Sie ihn trinken). Sie können das bei jeder Tätigkeit machen – vom Geschirrspülen bis zum Säubern des Katzenklos.

Vielleicht wollen Sie beim Säubern des Katzenklos gar nicht gegenwärtig sein –, doch Gegenwärtigkeit ist ein Geisteszustand, den Sie bei allem anstreben sollten, was Sie tun.

Kann man denn immer gegenwärtig sein? Nicht wirklich. Aber es ist den Versuch wert. Wenn es Ihnen gelingt, nur wenige Minuten achtsam zu leben, stellen Sie fest, dass die erstrebten Gefühle des Friedens und der Freude jederzeit in erreichbarer Nähe liegen.

Betrachten wir fünf Arten, wie Sie Achtsamkeit in Ihren Alltag bringen können, um sogar bei den alltäglichsten Verrichtungen gegenwärtiger und bewusster zu sein.

Nr. 1: Essen Sie achtsam

Es war einmal vor langer, langer Zeit, da nahmen sich die Menschen noch Zeit, um ein Essen vorzubereiten. Sie machten mitten am Tag Pause für eine Mahlzeit, die man „Mittagessen" nannte. Jeder verließ seinen Arbeitsplatz, man setzte sich zusammen und aß. Später gab es so etwas wie „Abendessen", und auch da setzten sich die Leute gemeinsam an einen Tisch und aßen und sprachen miteinander.

Heute gibt es Fastfood, Technologie und Multi-Tasking. Essen ist zu einer schnellen Mahlzeit zwischen zwei Verpflichtungen verkommen, wir essen, um genug Treibstoff für unseren durchplanten Alltag zu haben. Wir kennen das Ritual des gemeinsamen Familienessens nicht mehr, wir wissen oft gar nicht mehr, dass essen auch Spaß macht.

Natürlich haben wir zum Kochen nicht mehr so viel Zeit wie unsere Großmütter, aber wir können achtsam mit den Nahrungsmitteln umgehen, die wir zu uns nehmen, und wir können die Mahlzeit achtsam erleben. Wir essen also nicht länger vor dem Fernseher oder dem Computer, sondern sitzen mit unserer Familie oder allein an einem schönen und ablenkungsfreien Platz.

Hierauf könnten Sie beim achtsamen Essen Wert legen:

- Betrachten Sie Ihre Mahlzeit, bevor Sie sie essen – die Farben, die Gerüche, die Textur.

- Schließen Sie die Augen und atmen Sie die Aromen ein.

- Bemerken Sie Ihren Hunger, Ihren Drang nach Essen.

- Achten Sie beim ersten Bissen im Mund auf den Geschmack und alle Empfindungen.

- Beim Kauen achten Sie darauf, wie sich der Geschmack verändert und ausbreitet.

- Kauen und schlucken Sie gemächlich, denken Sie dankbar an den Menschen, der das Essen zubereitet hat.

- Während Sie weiteressen, achten Sie auf den Magen und was er tut, wenn sie satt werden.

- Achten Sie auf das Völlegefühl, beenden sie die Mahlzeit, wenn Sie satt sind. Essen Sie nicht alles auf, nur um einen leeren Teller zu haben.

- Nach Beendigung des Mahls bleiben Sie sitzen und verdauen Sie die Mahlzeit.

- Nach dem Mahl waschen sie achtsam Ihren Teller und das Besteck ab und legen beides an den angestammten Platz.

Wenn Sie achtsam essen, genießen Sie nicht nur das Essen an sich, Sie unterstützen auch die gute Verdauung und die optimale Weiterverarbeitung der Nährstoffe. Untersuchungen zeigen, dass langsames Essen schneller ein Sättigungsgefühl erzeugt und die Kalorienaufnahme vermindert.

Nr. 2: Putzen Sie Ihr Haus achtsam

Thích Nhat Hanh schreibt, er spüle sein Geschirr so sorgfältig, als bade er einen neugeborenen Buddha. Gelänge es ihm nicht, voller Freude Geschirr zu spülen, weil er schnell fertig werden wolle, um eine Tasse Tee zu trinken, dann werde er auch den Tee nicht voller Freude trinken können.

Statt Ihr Haus so auszumisten, dass das ein Mittel zum Aufräumen Ihres Geistes ist, konzentrieren Sie sich auf das Tun, nicht das Ergebnis. Das verwandelt den Hausputz nicht automatisch in ein erleuchtendes Erlebnis, aber Sie werden erhaben sein einfach nur deshalb, weil Sie Ihre Aufmerksamkeit auf die elegante Ursache und Wirkung des Hausputzes lenken. Betrachten Sie den Hausputz als Laboratorium für die Erfahrung Ihrer Gegenwärtigkeit.

Diese Bewusstseinsverlagerung können Sie auf jede Routinearbeit anwenden – die Autowäsche, das Rasenmähen, sogar auf das Bezahlen von Rechnungen. Sie können diese Aufgaben widerstrebend und genervt angehen, Sie können aber auch Ihre ganze Aufmerksamkeit darauf richten und dankbar sein, dass Sie sie erledigen dürfen, dass sie Ihr Leben verschönern und – ganz gleich, wie unbedeutend sie scheinen – Ihre Zeit voll und ganz wert sind.

Nr. 3: Gehen Sie achtsam

Barrie schreibt in ihrem Buch „Peace of Mindfulness": „Bei einem Spaziergang können Sie achtsam sein, indem Sie genau darauf hören, wie Ihre Schuhe den Boden berühren, wie die Natur um Sie klingt. Betrachten Sie genau die Landschaft, spüren Sie die warme oder kühle Luft, den Duft der freien Natur."

Wo immer Sie spazieren gehen (inner- oder außerhalb des Hauses), was immer Ihr Ziel ist, seien Sie auf Ihrem Weg achtsam. Hasten Sie nicht die Strecke entlang und denken nur an Ihr Ziel. Lassen Sie den Spaziergang selbst das Ziel sein.

Nr. 4: Erleben Sie die Natur achtsam

Zahllose Untersuchungen haben den mentalen und physischen Nutzen eines Ausflugs in die Natur bewiesen. Ein Aufenthalt in einem Wald oder Park

- stärkt das Immunsystem,

- senkt den Blutdruck,

- vermindert Stress,

- hellt die Stimmung auf,

- verbessert die Konzentrationsfähigkeit,

- beschleunigt die Genesung nach Operationen oder Krankheiten,

- hebt das Energielevel

- und erleichtert den Schlaf.

Sie genießen den Nutzen einfach schon dadurch, dass Sie einen Spaziergang machen oder sich in einen Wald setzen. Wenn Sie Ihr Naturerlebnis achtsam angehen, steigern Sie den Nutzen noch – insbesondere bei der Stressreduktion, bei Ihrer Stimmung und bei der Konzentration.

Verbringen Sie Zeit in der Natur, versuchen Sie mit allen Sinnen achtzugeben, um gegenwärtig und aufmerksam für Ihre Umgebung zu sein.

Lauschen Sie ... den Vogelstimmen, den Blättern, die in den Bäumen rascheln, dem Wasser, das über Kiesel läuft. Sehen Sie ... das Sonnenlicht und den Schatten, die kleinen Wildblumen am Waldboden, den Habicht, der über Ihnen seine Kreise zieht. Riechen Sie ... das erdige Aroma der vermodernden Blätter, den Duft des Geißblattes, die Feuchte des vergangenen Regenschauers.

Die Erfahrung, im Grünen oder im Wald zu sein, ist so mächtig und klärt den Geist so stark, dass sie immer Teil Ihres Aufräumprogramms sein sollte.

Nr. 5: Treiben Sie achtsam Sport

Der Nutzen von Sport ist so groß, dass man ein ganzes Buch darüber schreiben könnte. Der physische Nutzen liegt auf der Hand, aber auch in Bezug auf das geistige Klarschiffmachen hat Sport einige tiefgreifende psychologische Auswirkungen.

Der Arzt Dr. Michael Otto, Psychologieprofessor an der Universität Boston, schreibt in einem Artikel für die American Psychological Association, dass die Verknüpfung von Sport und Stimmung enorm sei. Gemeinhin verbessere sich die Laune bereits fünf Minuten nach moderaten Sportübungen.

Der Artikel beschreibt weiter, wie Sport – Studien zufolge – Ängste und Depressionen lindern und möglicherweise sogar präventiv dagegen wirken kann. Beides sind ja mögliche Folgen geistiger Unordnung, von Verstörtheit und Grübelei.

Trotz mittlerweile eindeutiger Belege dafür, dass Sport gesünder, fitter und glücklicher macht, meiden ihn die meisten Menschen wie die Pest. Sport fühlt sich wie eine Pflicht an, im schlimmsten Falle wie Folter. Einer der Gründe dafür liegt darin, wie wir an Sport herangehen. Wir betrachten ihn als Mittel zum Zweck – wir wollen Gewicht verlieren, Stress abbauen oder Erkrankungen vorbeugen.

Wir haben gemerkt, dass Fitness – hat man erst einmal alle Bewertungen, Anhaftungen und Ängste aus der Gleichung gestrichen – etwas sein kann, auf das man sich freut, statt eine unliebsame Pflicht. Sie denken nicht an die Anstrengung, überlegen sich aufzuhören oder beurteilen Ihre Ergebnisse. Sie führen einfach achtsam Bewegungen durch, versuchen, jedes Mal ein bisschen besser zu werden, und achten dabei aufmerksam auf Ihren Körper.

Ganz gleich, welchen Sport Sie treiben, Sie können es achtsam tun und damit einen klaren, konzentrierten Geist optimieren.

Versuchen Sie es einmal mit folgenden Übungen:

Achten Sie auf Ihren Körper

Während des Sports achten Sie auf Ihren Körper. Halten Sie sich richtig? Ist alles richtig, so wie es um Ihre Mitte herum sein sollte?

Ihre Mitte ist der Mittelpunkt Ihrer Stärke. Damit sie effizient arbeitet, müssen Sie Ihren Körper ausrichten. Ihr Rücken sollte gerade sein, die Schultern nach hinten, der Kopf erhoben, es sei denn, die sportliche Übung verlangt etwas anderes.

Lassen Sie Ihre Mitte die meiste Arbeit machen, Ihre Gliedmaßen bleiben flexibel und entspannt. Selbst wenn Sie mit Armen oder Beinen Gewichte heben, liefert Ihre Mitte die Kraft für die Glieder. Konzentrieren Sie sich während des Sports auf die Mitarbeit Ihrer Mitte, stellen Sie sich ein Stahlrohr vor, das Ihren Körper perfekt ausgerichtet hält.

Fokussieren Sie sich auf Ihr Körpergefühl. Spüren Sie Schmerz oder Unbehagen? Ohne auf diese Gefühle einzugehen, bestimmen Sie sie einfach. „Meine Knie schmerzen. Ich kriege kaum noch Luft. Es ist heiß hier." Sträuben Sie sich nicht, fürchten Sie sich nicht vor Schmerz oder Unwohlsein, atmen Sie stattdessen hinein und visualisieren Sie, wie es nachlässt.

Malen Sie sich aus, wie Sie Kraft in den Teil Ihres Körpers senden, der gerade für Sie den Sport macht. Bewegen sich mehrere Teile zur gleichen Zeit, schicken Sie die Kraft in Ihren gesamten Körper.

Finden Sie Ihren Anker

Befinden Sie sich einmal in Ihrer Trainingsspur, finden Sie einen Anker, auf den Sie sich fokussieren können. Richten Sie Ihre Aufmerksamkeit auf die Atmung, die Naturgeräusche oder ein Mantra, das Sie vor sich hersagen. Sie können sich beispielsweise beim Laufen auf das Geräusch konzentrieren, das Ihre Füße beim Tritt auf das Pflaster erzeugen. Sie können auch im Geist entweder ein Mantra oder eine Affirmation wiederholen, die Ihrer Atmung entsprechen.

Beim Krafttraining konzentrieren Sie sich ganz auf die Muskeln und die Kraft, die sie umgibt. Folgen Sie Ihrer Atmung, atmen Sie beim Anheben aus, atmen Sie ein, wenn Sie das Gewicht senken. Bleiben Sie konzentriert bei Ihrer Atmung, auch zwischen den Hebungen.

Dringen Gedanken ein, lenken Sie Ihre Aufmerksamkeit zurück auf Ihr Mantra oder das Atmen, oder achten Sie einen Augenblick lang darauf, wie sich Ihr Körper anfühlt, und regulieren bzw. entspannen Sie, je nach Bedarf. Kehren Sie dann zum Atmen oder zum Mantra zurück.

Achten Sie auf Ihre Umgebung

Ganz gleich, wo Sie Sport treiben, drinnen oder draußen, achten Sie auf die Temperatur, das Licht, die Aussicht, Geräusche, Gerüche und andere sensorische Eindrücke, die auf Ihr Erleben einwirken. Ziehen Sie Ihre Konzentration aus sich ab und lenken Sie sie auf Ihre Umgebung. Bemerken Sie jedes Detail.

Treiben Sie draußen Sport, haben Sie einen doppelten Nutzen – Sie sind in der freien Natur und machen Sport! Achten Sie genau auf Ihre Umgebung.

An jedem Tag, in jedem Augenblick können Sie leicht zurück in den Strudel Ihrer Gedanken und Ablenkungen hineingezogen werden. Sie betrachten vielleicht einen unfassbar schönen, sternenprangenden Nachthimmel oder räumen Besteck in den Geschirrspüler, bemerken aber gar nichts davon, weil Ihr Geist so unordentlich ist.

Nach Ansicht von Sholto Radford, dem Begründer der Wilderness-Minds-Retreats, lädt uns die Praxis der Achtsamkeit dazu ein, unsere Ziele und Erwartungen loszulassen und einfach das zuzulassen, was in dem Raum ist, der entsteht, sobald der zielgerichtete Geist einen Augenblick lang zur Ruhe kommt.

Ihre Aufgabe ist es zu erwachen – selbst wenn das nur wenige Augenblicke am Tag gelingt. Erleben Sie ganz genau, was Sie erleben, seien Sie ganz gegenwärtig und bewusst und nicht mehr verfangen in Gedanken und Sorgen. Mit Zeit und Übung kommen Sie immer automatischer in den gegenwärtigen Augenblick. Je öfter Sie dort sind, desto mehr Leben leben Sie.

FAZIT

Letzte Gedanken zum Aufräumen im Geist

„Ihr Geist ist die Grundlage jeder Ihrer Erfahrungen und jedes Beitrags, den Sie zum Leben anderer leisten. Akzeptiert man das, muss man ihn trainieren."

Sam Harris

Geistestraining ist die geistige Entsprechung eines Hausputzes. Es handelt sich um eine Gewohnheit, die Sie täglich üben müssen, um sie zu beherrschen. Aber Geistestraining ist weder so einfach noch so leicht wie ein Hausputz.

Gedankenmanagement braucht Entschlossenheit und Übung. Es benötigt außerdem tägliche – oder sogar augenblickliche – Bewusstheit des geistigen Zustands oder der Tricks und Kniffe Ihres „Affengeistes".

Überlässt man ihn sich selbst, dann hüpft Ihr Geist von Ast zu Ast. Er folgt einer Urerinnerung, er jagt der Zerstreuung nach, schmort im bitteren Saft der Ressentiments und der Wut. Er verliert sich in Tagträumen und Fantasien, beides bessere, aber nach wie vor widerspenstige Geisteszustände. Wenn Sie nie Bilanz ziehen über Ihre geistige Unordnung, bleiben Ihre Gedanken und Emotionen ungebändigt und launisch. Folglich wird Ihre Erfahrung des Lebens unvorhersehbar und hängt ganz und gar von der zufälligen Natur Ihrer Gedanken ab.

Die aufdringlichen Gedanken jeden Tag beweisen nur zu deutlich die ärgerliche Tatsache, dass sich viele Funktionen unseres Geistes außerhalb unserer bewussten Kontrolle befinden. Um es noch schlimmer zu machen, fühlen sich unsere Gedanken so real an und mächtig und beeinflussen unsere Wahrnehmung der Welt bis in den letzten Winkel.

Verzichten Sie einen Augenblick auf Ihre Überzeugung, dass die spontanen Gedanken generell von Bedeutung seien. Was wäre denn, wenn die aufdringlichen Gedanken nicht mehr Wahrheit oder Substanz hätten als Graffiti, das Sie zufällig an einer Mauer sehen? Sie können zwar durchaus in Zusammenhang mit einer Erinnerung oder Emotion stehen, im gegenwärtigen Augenblick aber haben sie nichts mit der Wirklichkeit zu tun. Das trifft tatsächlich die meiste Zeit auf unsere Gedanken zu!

Zwar wird Ihr unbewusster Geist nie zulassen, dass Sie Ihre Gedanken völlig beherrschen, Sie können dennoch einige davon unter Kontrolle halten. Sie können Ihre Reaktionen und Gewohnheiten verändern, um diese und die von ihnen hervorgerufenen Gefühle besser zu managen.

Im ganzen Buch haben wir Ihnen eine große Bandbreite an Ideen und Hilfsmitteln genannt, mit denen Sie Ihren Geist aufräumen und die negative Stimme im Kopf beruhigen, weniger Stress spüren und mehr Seelenfrieden genießen können.

- **Durch konzentriertes Atmen und Achtsamkeitsmeditation** lösen Sie Ihre Entspannungsreaktion aus und lernen, sich von aufdringlichen Gedanken und Emotionen zu lösen.

- **Indem Sie Gedanken unterbrechen, neu formulieren und infrage stellen,** lernen Sie, die Verantwortung für Ihr Denken zu übernehmen, und brechen deren Macht über Sie.

- **Wenn Sie sich mit Ihren Grundwerten identifizieren,** erschaffen Sie Grenzen für Ihre Entscheidungen und Handlungen. Sie müssen nicht ständig darüber nachdenken oder grübeln.

- **Klären Sie die Prioritäten Ihres Lebens,** verschwenden Sie weniger Zeit auf Dinge, die Sie später bereuen oder unter denen Sie geistig leiden.

- **Setzen Sie sich auf Ihren Werten und Prioritäten basierende Ziele,** schaffen Sie eine Bühne für konzentriertes Handeln und für ein Selbstwertgefühl, das Ihnen Kraft verleiht.

- **Suchen und erfüllen Sie Ihre Berufung,** dann werden Ihre Ziele authentisch, haben Sinn und machen Freude. Negatives Denken hat keinen Platz mehr.

- **Sind Sie in Ihren Beziehungen gegenwärtig und achtsam,** weichen Sie den Konflikten aus, die bei menschlichen Interaktionen zwangsläufig entstehen, Sie verringern den darauffolgenden mentalen Stress und steigern das Glücksgefühl Ihrer Beziehung.

- **Halten Sie Ihr Haus und Ihre digitale Welt sauber, aufgeräumt und in Ordnung,** entfernen Sie Ablenkungen, die Sie von Ihren Werten, Prioritäten und Zielen wegziehen.

- **Indem Sie sich entscheiden, sich bei Aufgaben und Verpflichtungen einzuschränken,** reduzieren Sie Stress und lassen mehr „Raum", um im Leben gegenwärtig und achtsam zu sein.

- **Fokussieren Sie sich auf die vor Ihnen liegende Aufgabe und tauchen Sie in den „Flow" ein,** transzendieren Sie das geistige Geschwätz im Kopf und werden eins mit dem, was Sie tun. Sie fühlen sich glücklicher und zufriedener.

- **Zaudern Sie nicht länger** und lernen Sie, rasch den ersten Schritt zu machen, umgehen Sie die Ängste, die durch das ständige Aufschieben entstehen.

- **Indem Sie Achtsamkeit auf alle Tätigkeiten des Alltags anwenden,** und zwar vom Geschirrspülen bis zum Sport, reinigen Sie Ihren Geist von allem außer der einzigen Wahrheit des Lebens – dem gegenwärtigen Augenblick. Der amerikanische Psychologe Abraham Maslow meinte, die Fähigkeit, im gegenwärtigen Augenblick zu sein, sei einer der wichtigsten Faktoren des geistigen Wohlbefindens.

Wie finden Sie heraus, wo Sie beginnen, Ihren Geist in Ordnung zu bringen?

Wir raten, dass Sie als Erstes Ihre Grundwerte, Lebensschwerpunkte und Ziele festlegen. Haben Sie diese persönlichen Grenzen und Regeln definiert, bestimmen Sie die Stellen leichter, an denen die störendste geistige Unordnung zu finden ist, die Sie loswerden wollen.

Wenn einer Ihrer Kernwerte darin besteht, auf feste Beziehungen zu achten, Sie aber ständig mit jemandem Streit haben oder ständig über Dinge in einer Beziehung nachdenken, dann machen Sie sich an die Beziehungsübungen, um Ihren Geist aufzuräumen.

Vielleicht aber machen Sie sich oder Ihr Aussehen dauernd schlecht, und diese negativen Gedanken verderben Ihnen die Freude am Leben. Sollte das so sein, arbeiten Sie zunächst an der Selbstannahme, daran, sich nicht mehr zu vergleichen, und an der Vergebung.

Einige der beschriebenen Übungen, etwa Atmen, Meditation, Vereinfachung und alltägliche Achtsamkeit, können Sie jeden Tag machen, auch nur für kurze Zeit.

Das Ergebnis dieser Übungen hilft Ihnen bei schwierigeren Aufgaben, zum Beispiel bei der Verbesserung von Beziehungen, dem Loslassen der Vergangenheit oder beim Erkennen Ihrer Berufung.

Wir raten auch dazu, eine Art Tagebuch zu führen, um die Übungen zum mentalen Großreinemachen zu dokumentieren – und wie sich in der Folge Ihre Gesundheit und Gefühle verbessern. Indem Sie Buch über das führen, was Sie tun, und die Verbesserung, die sich danach einstellt, werden Sie motiviert und inspiriert, auf dem einmal eingeschlagenen Weg zum geistigen Aufräumen weiterzugehen.

Den Geist aufzuräumen ist eine Lebensaufgabe. Allerdings eine, die sich lohnt – die Resultate werden Ihre Lebensqualität signifikant erhöhen. Je weniger Zeit Sie ohne aufdringliche und negative Gedanken „in Ihrem Kopf" verbringen, desto besser können Sie den gegenwärtigen Augenblick genießen und jeden weiteren gegenwärtigen Augenblick in Ihrem ganzen restlichen Leben.

Sie wissen nun, was Sie tun müssen, um weniger Angst wegen des „Zeugs" zu haben, das in Ihrem Kopf herumschwirrt. Also, krempeln Sie die Ärmel hoch und fangen Sie an! Beginnen Sie heute mit der größten Herausforderung Ihres Lebens und planen Sie gleich für die nächste Woche!

Wir wünschen Ihnen viel Glück!

Barrie Davenport

Steve Scott

350 Worte für Ihre Werte

Ihre Kernwerte sind die Prinzipien, nach denen Sie Ihr Leben führen, nach denen sich Ihr Verhalten, Ihre Worte und Taten richten. Wollen Sie sich selbst weiterentwickeln, müssen Sie regelmäßig eine Bestandsaufnahme Ihrer Werte machen und dann jene Veränderungen umsetzen, die nötig sind, um Ihr Leben an Ihren wichtigsten Werten auszurichten.

Wenn Sie in Einklang mit Ihren Werten leben, erzeugen Sie ein Umfeld, das Glück, Seelenfrieden und Erfolg wachsen lässt, denn Sie leben authentisch und ohne Verwirrung, Schuldgefühle oder Scham. Selbst die kleinsten Veränderungen, die Ihr Leben an Ihre Werte anpassen, erzeugen eine positive Dynamik in Ihren Gefühlen und Einstellungen.

Betrachten Sie diese Liste von rund 350 Werteworten. Wählen Sie daraus die fünf oder zehn aus, die für Ihr Berufs- und Privatleben am bedeutsamsten sind.

Notieren Sie diese – leben Sie zurzeit nicht in Einklang mit Ihren wichtigsten Werten? Müssen Sie etwas ändern, um Ihre Werte zu leben? Welchen Schritt können Sie heute schon gehen?

Auf den Seiten 144 ff. finden Sie Platz für Ihre Grundwerte, Gedanken, Prioritäten, Ziele und Lebensvision.

Legen Sie so den Grundstein, Ihr Leben und sich aufzuräumen.

A

Abenteuer
Achtsamkeit
Adel
Ahnung
Akkuratesse
Akzeptanz
Albernheit
Anerkennung
Angemessenheit
Angenehmsein
Anpassungsfähigkeit
Anstand
Antrieb
Attraktivität
Aufgeschlossenheit
Aufklärung
Aufmerksamkeit
Aufregung
Aufrichtigkeit
Auftrieb
Ausdauer
Ausdrucksfähigkeit
Ausdrucksvermögen
Ausgefallenheit

B

Balance
Befähigung
Beflissenheit
Befreiung
Beharrlichkeit
Beherrschung
Beitrag
Beliebtheit
Bereitschaft
Berufung
Bescheidenheit
Besonnenheit
Bestimmtheit
Bewusstheit
Bewusstsein
Bildung
Brillanz

C

Charme
Cleverness
Coolness
Courage

D

Dankbarkeit
Danksagung
Da-Sein
Demut
Dienst
Diplomatie
Direktheit
Diskretion
Disziplin
Durchsetzungsstärke
Dynamik

E

Echtheit
Effizienz
Ehre
Ehrerbietung
Ehrfurcht
Ehrgeiz
Ehrlichkeit
Eifer
Einfachheit
Einfallsreichtum
Einfluss
Einnehmend sein
Einsamkeit
Einsichtigkeit
Einzigartigkeit
Ekstase
Eleganz
Empathie
Empfindsamkeit
Emsigkeit
Energie
Entdeckung
Enthusiasmus
Entschlossenheit

Entspannung
Erfahrung
Erfindungsgabe
Erfolg
Erforschung
Erfüllung
Ergriffenheit
Erhabenheit
Erholung
Erleichterung
Ermutigung
Ernsthaftigkeit
Erreichbarkeit
Erstaunen
Erwartung
Exklusivität
Expertise
Extravaganz
Extrovertiertheit
Exzellenz

F

Fähigkeit
Fairness
Faszination
Feinheit
Fertigstellung
Festigkeit
Findigkeit
Finesse
Fitness
Fleiß
Flexibilität
Flow
Freigiebigkeit
Freiheit
Freimütigkeit
Freude
Freundlichkeit
Friedlichkeit
Fröhlichkeit
Frömmigkeit
Führung
Führungsqualitäten

Fülle
Furchtlosigkeit

G

Galanterie
Gastfreundschaft
Geheimnis
Gehorsam
Geist
Genauigkeit
Genuss
Gerechtigkeit
Geschicklichkeit
Geselligkeit
Gesundheit
Gewandtheit
Gewissheit
Glaube
Glaubwürdigkeit
Glück
Glückseligkeit
Gnade
Grenzübertretung
Großartigkeit
Großzügigkeit
Gründlichkeit

H

Haltung
Handwerkliches Geschick
Harmonie
Hartnäckigkeit
Heiligkeit
Heldenmut
Heldentum
Herausforderung
Herz
Herzlichkeit
Hilfe
Hingabe
Hochgefühl
Hoffnung
Höflichkeit
Humor
Hygiene

I

In-sich-ruhen
Inspiration
Instinkt
Integrität
Intelligenz
Intensität
Intimität
Introvertiertheit
Intuition

K

Kaltblütigkeit
Kameraderie
Keuschheit
Klarheit
Klasse
Komfort
Kompetenz
Konformität
Kongruenz
Kontinuität
Kontrolle
Konzentration
Kooperation
Korrektheit
Kreativität
Kühnheit

L

Langlebigkeit
Lebenskraft
Lebhaftigkeit
Leidenschaft
Leistung
Lernen
Liebe
Logik
Loyalität

M

Majestät
Mäßigung
Meisterschaft

Mitgefühl
Mode
Motivation

N

Nachdenklichkeit
Nähe
Neugierde
Nüchternheit
Nutzen
Nützlichkeit

O

Offenheit
Opferbereitschaft
Optimismus
Opulenz
Ordnung
Organisation
Originalität

P

Perfektion
Pflege
Pflicht
Philanthropie
Potenz
Pragmatismus
Präsenz
Präzision
Privatsphäre
Proaktivität
Professionalität
Pünktlichkeit

Q

Qualifikation

R

Raffinesse
Raschheit
Realisierbarkeit
Realismus
Reflexion
Reichtum

Reife
Reinheit
Respekt
Rigorosität
Ruhe
Ruhefähigkeit
Ruhm

S

Sanftmut
Sauberkeit
Scharfsinn
Schläue
Schnelligkeit
Schönheit
Sehnsucht
Selbständigkeit
Selbstkontrolle
Selbstlosigkeit
Selbstverwirklichung
Sexualität
Sicherheit
Sieg
Sinnhaftigkeit
Sinnlichkeit
Solidarität
Solidität
Sorgfalt
Sparsamkeit
Spaß
Spiritualität
Spontaneität
Stabilität
Standfestigkeit
Stärke
Starke Nerven
Stille
Struktur
Substantialität
Sympathie

Synergie

T

Takt
Tapferkeit
Teamarbeit
Teilen
Tiefe
Traditionalismus
Transzendenz
Träumen
Treue
Tugend

U

Überfluss
Überlegenheit
Überraschung
Überschäumen
Überzeugung
Unabhängigkeit
Unerschrockenheit
Unparteilichkeit
Unstimmigkeit
Unterhaltung
Unterscheidungsvermögen
Unterstützung
Urteilsfähigkeit

V

Verbindung
Verfeinerung
Verfügbarkeit
Vergnügen
Vernunft
Verpflichtung
Verspieltheit
Verständnis

Vertrauen
Vertrauenswürdigkeit
Vielfalt
Vielseitigkeit
Vision
Vitalität
Vorbereitung
Vorsicht
Vorstellungskraft

W

Wachsamkeit
Wahrheit
Wärme
Weisheit
Weiterentwicklung
Widerstandsfähigkeit
Willigkeit
Wirksamkeit
Wissen
Witz
Wohlstand
Wohltätigkeit
Würde
Würdig sein
Würze

Z

Zielgerichtetheit
Zufriedenheit
Zugehörigkeit
Zuneigung
Zurückhaltung
Zuverlässigkeit
Zweckmäßigkeit

Mein Meditationstagebuch

Für Erfahrungen und Empfindungen bei der Meditation

(siehe Seite 36)

_____

_____

_____

_____

_____

_____

_____

_____

_____

_____

_____

_____

_____

_____

Mein Tagebuch für die „Sorgenzeit"

(siehe Seite 43)

Meine Grundwerte

(siehe Seite 49)

Lebens-Werte

_____

_____

_____

_____

_____

_____

Lösungen

_____

_____

_____

_____

_____

_____

Arbeits-Werte

Lösungen

Meine Prioritäten

(siehe Seite 53)

1. Inwieweit unterscheidet sich Ihr derzeitiger Lebensschwerpunkt von Ihrem Ideal?

2. Was müssten Sie tun, um Ihren Schwerpunkt auf das zu verlegen, was Ihnen wirklich wichtig ist?

Meine S.M.A.R.T-Ziele

(siehe Seite 59)

1. Karriere: _____

   _____

2. Familie: _____

   _____

3. Ehe (oder Beziehung): _____

   _____

4. Spirituelles/persönliches Wachstum/Selbsthilfe: _____

   _____

5. Freizeit/Gesellschaft: _____

   _____

6. Lebensführung: _____

   _____

7. Gesundheit und Fitness: _____

   _____

   _____

Mein Wochenplan

Welche Aufgaben habe ich? (siehe Seite 61)

Mo	
Di	
Mi	
Do	
Fr	
Sa	
So	

Erstellen Sie einen Schritt-für-Schritt-Plan (siehe Seite 62)

Meine Lebensvision (siehe Seite 66 f.)

TOPP 4900
ISBN 978-3-7724-4900-0

Love your body

Mach Schluss mit Diäten, Verboten und deinem strengen Fitnessprogramm – nichts davon wird dich glücklich machen. Dein Leben beginnt nicht erst, wenn du dein Wunschgewicht erreicht hast, sondern JETZT.

Selbstliebe und ein liebevoller Umgang mit dem eigenen Köper sind der Schlüssel zu einem Leben in Balance, in dem du jeden Moment vollkommen genießen kannst. Morena Diaz zeigt dir: Jede kann es schaffen, es braucht nur die Bereitschaft, etwas zu verändern und ein klein wenig Mut.

Mit ErinnerDich: Im Buch findest du ein kleines Memokärtchen, das du überallhin mitnehmen kannst, sodass du niemals vergisst, dich selbst bedingungslos zu lieben.

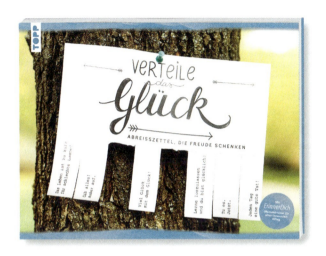

TOPP 4902
ISBN 978-3-7724-4902-4

Verteile das Glück

Ein nettes Wort, eine Ermutigung oder ein Lächeln verändern die Welt!

Mit diesen liebevoll gestalteten Abreißzetteln tragen Sie Ihren kleinen Teil dazu bei. Alle Gute-Laune-Zettel sind einfach herauszutrennen und können ganz leicht auch spontan aufgehängt und verteilt werden. Familie, Freunde, Kollegen, Mitbewohner oder Passanten erleben so eine zauberhafte Überraschung und können sich „ein kleines Stück vom Glück" abreißen und mitnehmen. Und Sie werden sehen: Freude schenken macht auch Sie glücklich!

Mit ErinnerDich: Zusätzlich gibt es Memokärtchen, die Sie im Alltag daran erinnern, wie schön es ist, das Glück zu verteilen.

Weitere Anleitungen und Inspirationen für ein glückliches und bewusstes Leben findest du auch in diesen Titeln:

TOPP 4901
ISBN 978-3-7724-4901-7

TOPP 4905
ISBN 978-3-7724-4905-5

TOPP 7404
ISBN 978-3-7724-7404-0

TOPP 7447
ISBN 978-3-7724-7447-7

TOPP 7470
ISBN 978-3-7724-7470-5

... und unter www.TOPP-kreativ.de

Weitere Ideen für ein glückliches Leben gesucht?

Lass dich auf unserer Verlagswebsite, per Newsletter oder in den sozialen Netzwerken zu einer bewussten Lebensweise inspirieren!

Website

Verlockend: Schau doch auf **www.TOPP-kreativ.de** vorbei & stöbere durch die neusten Ratgeber für dein ganz persönliches Glück!

TOPP-Autoren

Du fragst dich, wer dir die nützlichen Tipps & Tricks verrät? Auf **www.TOPP-kreativ.de/Autor** warten jede Menge spannender Infos zum jeweiligen Autor auf dich. Finde heraus, welches Gesicht hinter deinem Lieblingsbuch steckt!

Facebook

Werde Teil unserer Community auf **www.Facebook.com/Frechverlag** & erhalte regelmäßig eine Extraportion Glück!

Pinterest

Inspirationen für ein glückliches Leben & noch vieles mehr gibt es für dich von TOPP auf Pinterest auf **www.Pinterest.com/Frechverlag**

Newsletter

Achtsamkeit ist dir wichtig? Du möchtest deine Zeit bewusster nutzen? Dann melde dich für unseren TOPP Newsletter unter: **www.TOPP-kreativ.de/Newsletter** an, um über die Wunder, die der Alltag für dich bereithält, auf dem Laufenden zu sein.

Extras zum Download in der Digitalen Bibliothek

Ausgewählte Bücher enthalten digitale Extras: Interviews, Vorlagen zum Downloaden, Printables & vieles mehr. Dieser Ratgeber auch? Dann schau im Impressum nach. Sofern ein Freischaltcode dort abgebildet ist, gebe diese unter **www.TOPP-kreativ.de/DigiBib** ein. Nach erfolgreicher Registrierung erhältst du Zugang zur digitalen Bibliothek & kannst sofort loslegen.

YouTube

Nimm dir die Zeit für die wichtigen Dinge im Leben & lass dich gerne auf **www.YouTube.com/Frechverlag** inspirieren!

Instagram

Du bist auf Instagram unterwegs? Super, wir auch. Folge uns und unseren Glücksmomenten! Du findest uns auf **www.Instagram.com/Frechverlag** Möchtest du uns an deinem Glück teilhaben lassen? Nichts ist einfacher als das. Am besten du postest gleich ein Foto mit dem Hashtag #TOPPbewusstleben!

Alles in einer Hand gibt's hier:

Weitere Bücher findest du auf www.TOPP-kreativ.de

Teile deinen Glücksmoment mit diesem Buch!
Einfach Schnappschuss anfertigen, mit dem Hashtag #RäumdichaufDasBuch versehen und bei Instagram, Facebook oder Twitter posten. Wir freuen uns über deinen Augenblick des Glücks.

Impressum

Translated and published by frechverlag GmbH with permission from Oldtown Publishing. This translated work is based on Declutter Your Mind: How to Stop Worrying. Relieve Anxiety, and Eliminate Negative Thinking by S.J. Scott and Barrie Davenport. © 2016 Oldtown Publishing. All Rights Reserved. Oldtown Publishing is not affiliated with frechverlag GmbH or responsible for the quality of this translated work. Translation arrangement managed RussoRights, LLC on behalf of Oldtown Publishing.

Produktmanagement: Hannelore Irmer-Romeo
Lektorat: Susanne Noll
Übersetzung: Ulrich Magin
Coverillustration: Nadine Roßa
Gestaltung: Nakischa Scheibe
Satz: Fotosatz Buck, Kumhausen
Druck und Bindung: Livonia Print SIA, Lettland

1. Auflage 2018

© 2018 frechverlag GmbH, Turbinenstraße 7, 70499 Stuttgart
ISBN 978-3-7724-4903-1 • Best.-Nr. 4903